Assessment Report on China's Food Security 2023

中国粮食安全评估报告 2023

中国农业科学院农业信息研究所 著

中国农业出版社
北京

本书得到

中国农业科学院科技创新工程

（CAAS-ASTIP-2023-AII）资助特此致谢！

《中国粮食安全评估报告 2023》
撰 写 人 员 名 单

中国农业科学院农业信息研究所　徐　磊　三级研究员

中国农业科学院农业信息研究所　魏同洋　副研究员

中国农业科学院农业信息研究所　武　婕　副研究员

中国农业科学院农业信息研究所　张　益　助理研究员

中国农业科学院农业信息研究所　宋正阳　副研究员

中国农业科学院农业信息研究所　田世英　副研究员

中国农业科学院农业信息研究所　杨荣超　助理研究员

前　言

　　粮食安全是"国之大者"。党的十八大以来，习近平总书记对粮食安全问题发表了一系列重要论述，为做好新时代国家粮食安全工作、把牢粮食安全主动权提供了根本遵循和行动指南。

　　中国农业科学院农业信息研究所农业产业安全研究团队认真学习贯彻习近平总书记重要指示精神，对标"四个面向""两个一流"，从保障国家粮食安全重大任务出发，坚持把粮食安全问题研究作为首要课题，自2021年开始构建粮食安全指数化评估模型，启动了粮食安全评估研究工作，出版发布了《中国粮食安全评估报告2021》。

　　2023年我国经济发展面临经济恢复的基础尚不牢固，需求收缩、供给冲击、预期转弱三重压力仍然较大，确保粮食安全在新形势下也面临着新的问题和挑战。中国农业科学院农业信息研究所农业产业安全研究团队在担当国家战略科技力量中主动作为，坚持底线思维，立足全方位夯实粮食安全根基，在对粮食安全评估指标和模型予以修正的基础上，继续对我国粮食安全形势进行客观量化评估，同时比较分析本周期（2013—2022年）和上周期（2012—2021年）粮食安全演变趋势，并对2023年粮食安全形势作出量化预判，进而形成《中国粮食安全评估报告2023》，以期为国家粮食安全科学决策提供参考。

　　《中国粮食安全评估报告2023》的出版得到中国农业科学院创新工程经

费的支持，同时我们也向中国农业出版社表示衷心感谢！本报告是《中国粮食安全评估报告》系列的第三册，作为一个探索性、阶段性的科研成果，不足之处敬请各位同仁指正。我们将继续跟踪研究，不断完善评估指数体系和评估方法内容，努力把《中国粮食安全评估报告》打造成为研判国家粮食安全的智库品牌，为确保国家粮食安全做出应有贡献。

著　者

2023 年 8 月

CONTENTS

目　录

前言

第一章 粮食产业安全评估

2022 年，我国粮食产业安全指数未能再创新高，分值较 2021 年略减，处于过去十年的第二高位。预计 2023 年，我国粮食产业安全指数将平稳运行，继续运行在安全区间。

一、2022 年粮食产业安全态势判断

2022 年我国粮食产业安全总指数为 96.41，虽然较 2021 年下滑 1.33，降幅为 1.36%，但总体仍处于安全区间。

从分项指数看，基础保障水平、市场运行形势和购买力水平的指数值均处于安全区间，科技支撑能力和资源环境条件指数值均处于基本安全区间。其中，基础保障水平、市场运行形势和科技支撑能力指数值分别为 95.10、91.58 和 89.79，分别较 2021 年下滑 0.16、5.24 和 0.61，降幅为 0.17%、5.41% 和 0.67%；而资源环境条件和购买力水平指数值则比 2021 年分别增加 0.33 和 0.73，达到 89.55 和 98.15，增幅分别为 0.37% 和 0.75%（图 1-1）。

一是基础保障水平稳中略降。 2022 年我国粮食生产克服新冠疫情蔓延、重大农业灾害频现、农资价格高位运行等多重不利因素的影响，再获丰收达到 13 731 亿斤[①]，较 2021 年增加 74 亿斤（增长 0.50%），连续 8 年稳定在 1.3 万亿斤以上。2022 年我国粮食人均占有量 486.30 千克，较 2021 年增加 2.90 千克，增幅为 0.60%；同时，我国粮食自给率也达到 90.98%，较 2021 年提高了 0.71 个百分点，均处于过去十年较高水平。值得注意的是，受动用库存弥补产需缺口以及进口量下降的双重影响，2022 年我国粮食库存消费比较 2021 年大幅下滑 2.73 个百分点，降至 67.64%，

---

① 斤为非法定计量单位，1 斤＝500 克，下同。

但仍位居过去十年的中等水平（图 1－2）。

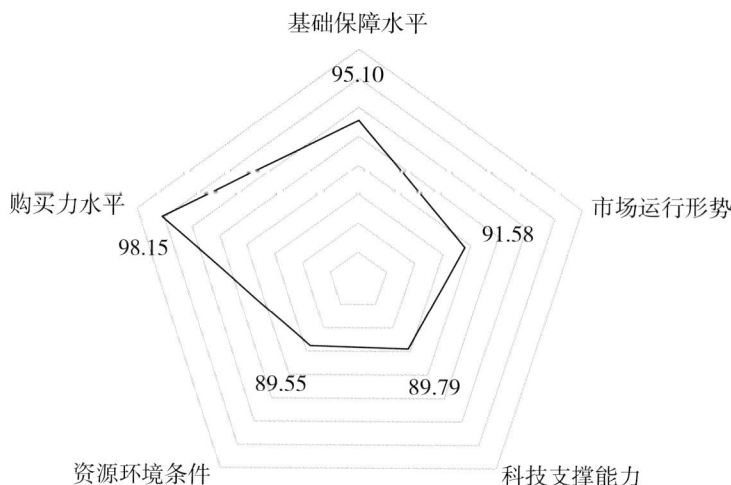

图 1－1 2022 年粮食产业安全分项指数

资料来源：中国农业科学院农业信息研究所农业产业安全研究团队。

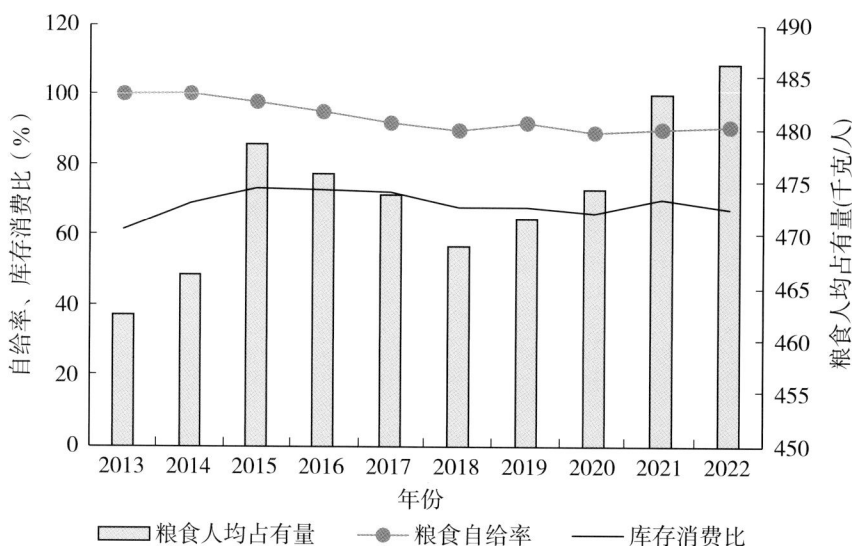

图 1－2 2013—2022 年我国粮食人均占有量、自给率和库存消费比

二是市场运行形势相对严峻。2022 年中央 1 号文件提出，进一步加大中央财政对产粮大县水稻、玉米、小麦等三大粮食作物保险的支持力度，实现三大粮食作物完全成本保险和种植收入保险主产省产粮大县全覆盖，为农民提供更高的风险保障水平、更广的保险责任范围，确保 2022 年我国粮食保险深度稳定在 0.90％，位居过去十年的第二高位。主要受全球粮食价格高位宽幅震荡的传导影响，2022 年我国粮食月度间市场价格波动风险均值放大至 0.55％，较 2021 年增加了 0.53 个百分点，成为过去十年粮食市场不稳定期；与此同时，粮食种植成本不断攀升拖累粮食亩均现金收

益增速放缓至3.99％，较2021年降低13.59个百分点，但仍处于过去十年的中等水平（图1-3）。

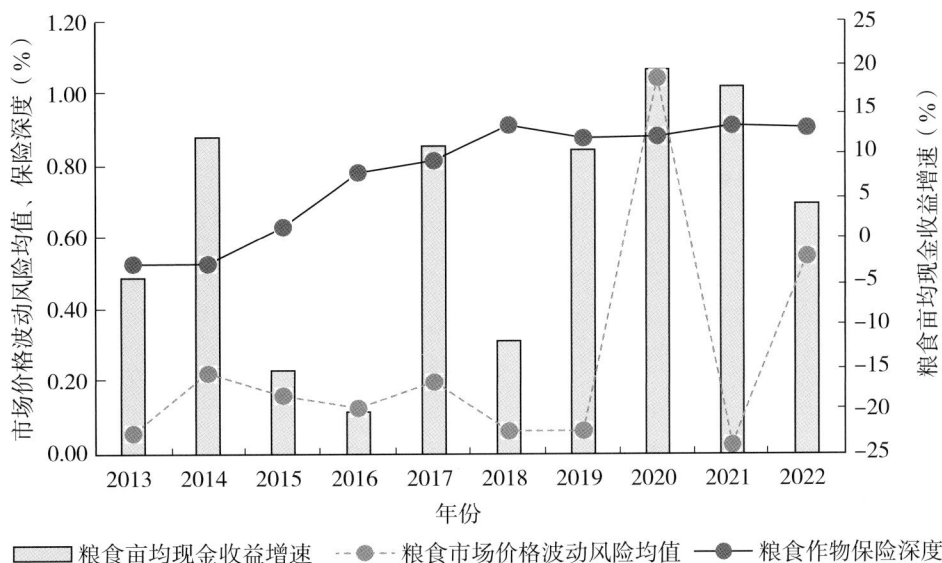

图1-3　2013—2022年我国粮食市场价格波动风险均值、保险深度和粮食亩均现金收益增速

三是科技支撑能力略有下降。2022年，在有关强农惠农政策支持下，我国粮食耕种收综合机械化率攀至新的高点，达到91.47％，较2021年提高0.05个百分点；与此同时，2022年我国粮食全要素生产率为2.18（2011年设定为基期，基期值为1.00），再创历史新高，较2021年提高0.06。但受种植业结构调整等因素影响，2022年我国粮食单产增速出现了自2017年以来的首次负增长（—0.05％），处于过去十年较低水平。《中华人民共和国种子法》的第四次修订以及2021年版国家级稻和玉米品种审定标准的发布实施，进一步提高了新品种审定门槛，2022年粮食新品种审定（含国审与省审）通过数量较2021年减少450个，降至5 790个，致使通过数量增速也出现自2017年以来的首次负增长（—7.21％），同样处于过去十年较低水平（图1-4）。

四是资源环境条件有所改善。2022年全国各地深入贯彻中共中央、国务院关于耕地保护工作的决策部署，强化耕地用途管制，退林还田、间套复种、农田连片整治等方式多措并举，有效推动我国粮食播种面积继续保持2020年以来的增长态势，恢复至17.75亿亩，较2021年增加1 052万亩，增速达到0.60％，处于过去十年中等水平。伴随着保护性耕作"版图"不断扩大，以及秸秆还田、粮豆轮作等技术的推广，2022年我国生产一吨粮食排放的二氧化碳当量进一步下降至525.07千克，较2021年降低6.18千克，处于过去十年排放最低水平。尽管2022年我国粮食生产遭遇了北方秋汛、南方极端高温干旱等灾害的影响，但得益于各地全力救灾，强化田间

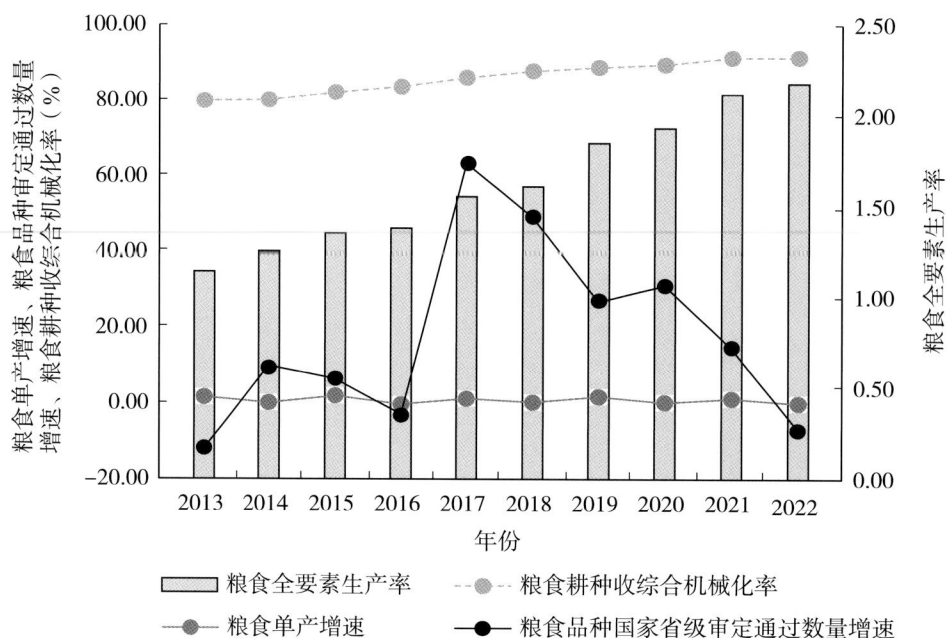

图 1-4 2013—2022 年我国粮食单产增速、品种审定通过数量增速、
耕种收综合机械化率和全要素生产率

管理，特别是建设高标准农田对防灾减灾发挥了重要作用，全年来看，我国粮食因灾损失面积已降至 4 611.02 万亩，较 2021 年减少 292.88 万亩，降幅达 5.97%，处于过去十年最好水平（图 1-5）。

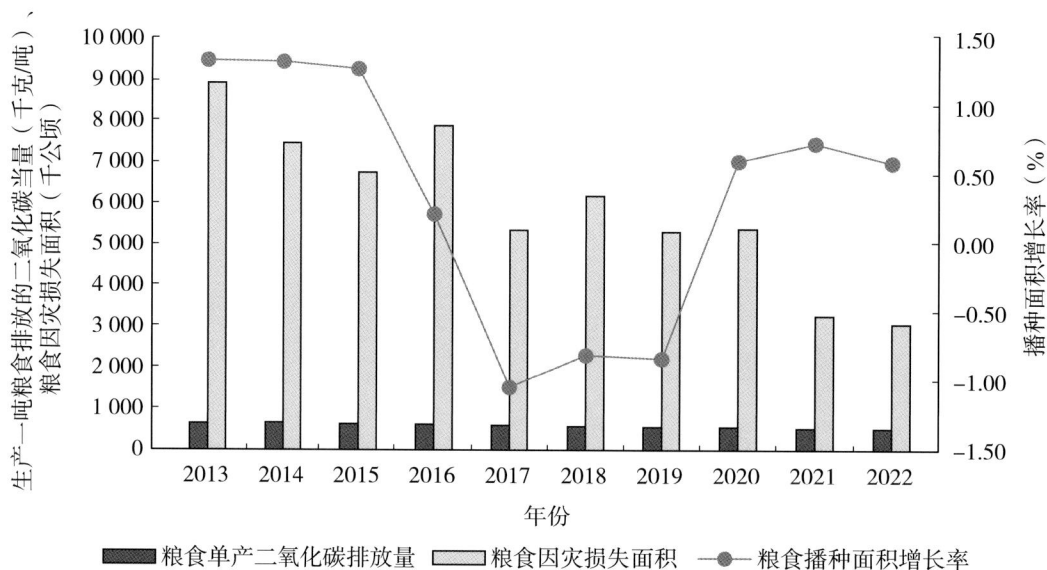

图 1-5 2013—2022 年我国粮食播种面积增长率、生产一吨粮食二氧化碳排放当量和因灾损失面积

五是粮食购买力水平不断提升。2022 年我国居民人均可支配收入达到 36 883 元，较 2021 年增长 5.00%，城乡居民粮食购买力水平升至过去十年最高水平（图 1-6）。

元

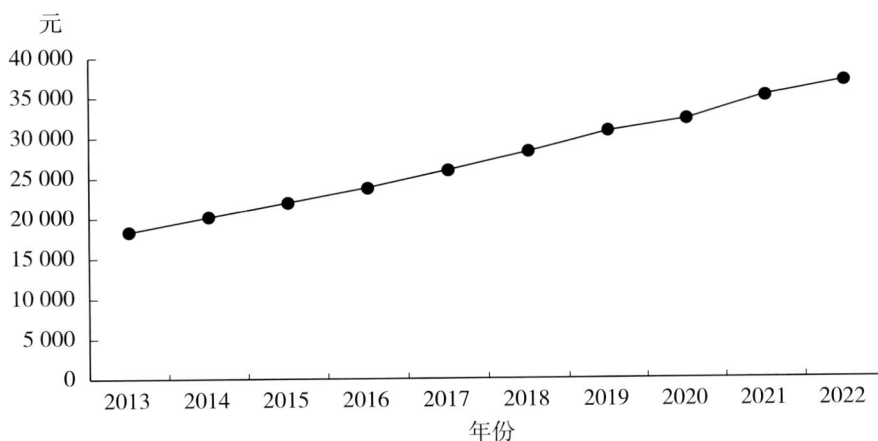

图 1-6 2013—2022 年我国居民人均可支配收入

二、过去 10 年粮食产业安全趋势演变

本周期（2013—2022 年）我国粮食产业安全指数总体上运行在安全区间，安全程度呈现小幅震荡走势，与上周期（2012—2021 年）走势大体一致。

本周期粮食产业安全指数平均值为 93.99，较上周期（93.33）提高 0.66，增幅为 0.71%，表明本周期粮食产业安全程度略高于上周期；同时从粮食产业安全指数拟合趋势线斜率来看，本周期拟合趋势线斜率为 0.78，高于上周期的拟合趋势线斜率（0.75），表明本周期粮食产业安全指数波动幅度较上周期增大，且上行趋势更为明显（图 1-7）。

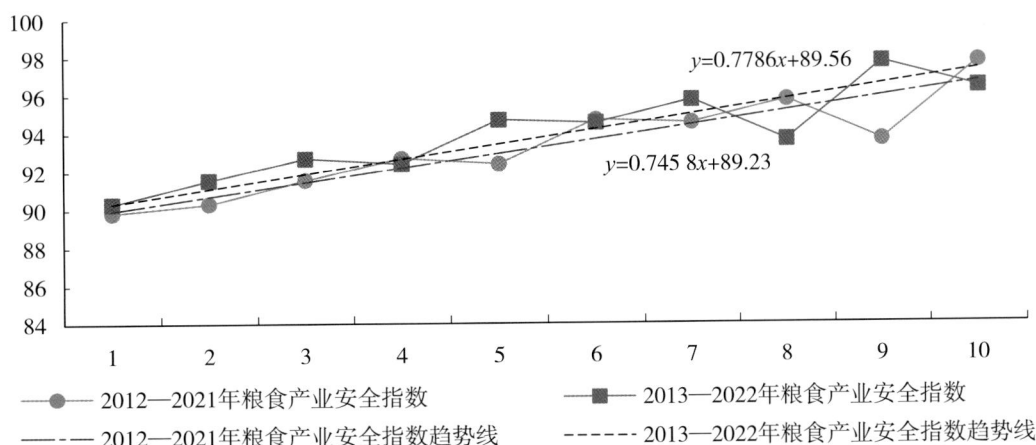

$y=0.7786x+89.56$

$y=0.745\,8x+89.23$

—●— 2012—2021 年粮食产业安全指数　　　—■— 2013—2022 年粮食产业安全指数

—— 2012—2021 年粮食产业安全指数趋势线　　---- 2013—2022 年粮食产业安全指数趋势线

图 1-7 2012—2021 年与 2013—2022 年我国粮食产业安全指数

资料来源：中国农业科学院农业信息研究所农业产业安全研究团队。

（一）粮食基础保障水平

2013—2022 年我国粮食基础保障水平指数在 94～97 区间运行，呈现小幅震荡走势。本周期（2013—2022 年）粮食基础保障水平指数平均值（95.65）较上周期（2012—2021 年）均值（95.68）下滑 0.03，表明本周期粮食基础保障水平略低于上周期；同时从粮食基础保障水平指数拟合的趋势线看，本周期与上周期趋势线斜率均为负值，且本周期斜率绝对值 0.19 略高于上周期斜率绝对值 0.14，表明本周期粮食基础保障水平指数波动幅度较上周期趋于扩大，且存在下行的压力不容忽视（图 1-8）。

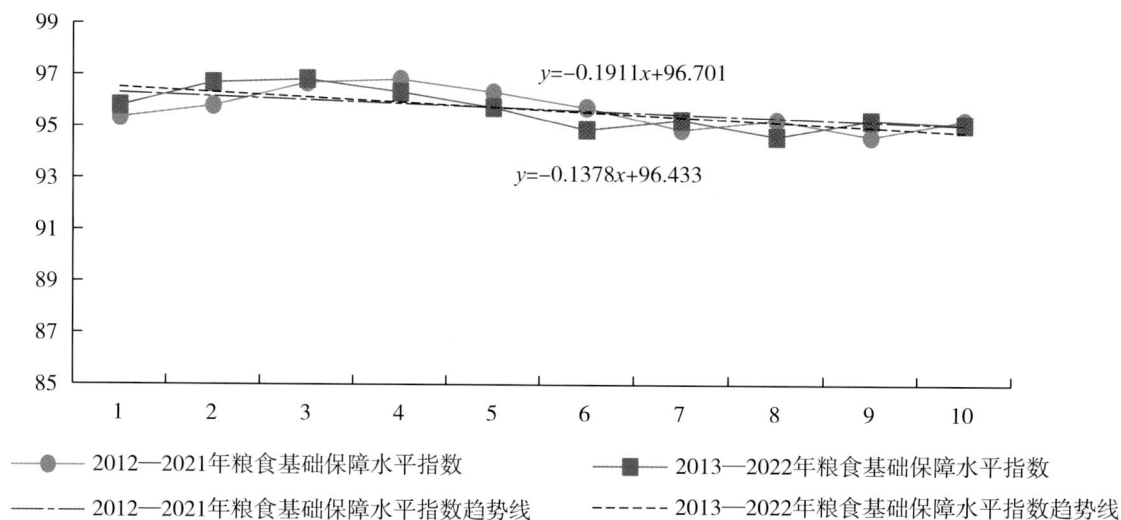

图 1-8　2012—2021 年与 2013—2022 年我国粮食基础保障水平指数
资料来源：中国农业科学院农业信息研究所农业产业安全研究团队。

（二）粮食市场运行形势

2013—2022 年我国粮食市场运行形势指数在 87～97 区间内频繁震荡，跨越安全和基本安全两个区间。其中指数运行波峰为 2021 年（96.82），波谷为 2020 年（87.76），2020 年是唯一运行在基本安全区间的年份，波峰波谷之间的落差值 9.06 个点。本周期（2013—2022 年）粮食市场运行形势略有改善，指数平均值较上周期（2012—2021 年）提高 0.06，达到 93.44；同时从粮食市场运行形势指数拟合的趋势线看，本周期趋势线斜率为 0.15，略低于上周期的 0.22，表明本周期粮食市场运行形势指数波动幅度较上周期趋于缩小，上行趋势有所减弱（图 1-9）。

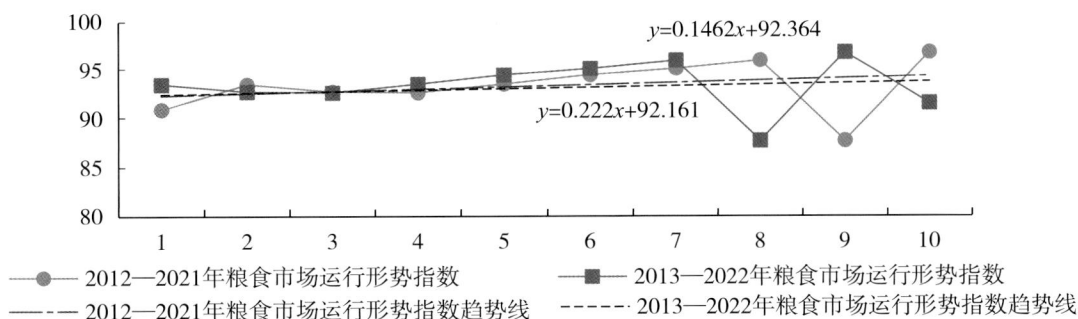

图 1-9 2012—2021 年与 2013—2022 年我国粮食市场运行形势指数
资料来源：中国农业科学院农业信息研究所农业产业安全研究团队。

（三）粮食科技支撑能力

2013—2022 年我国粮食科技支撑能力指数运行在 86～91 区间呈波动上升走势，安全程度同样跨越基本安全和安全两个区间。本周期（2013—2022 年）粮食科技支撑能力有所提升，指数平均值较上周期（2012—2021 年）提高 0.3，达到 89.17；同时从粮食科技支撑能力指数拟合的趋势线看，本周期趋势线斜率为 0.38，低于上周期的 0.47，表明本周期粮食科技支撑能力指数波动幅度较上周期降低，上行趋势有所减缓（图 1-10）。

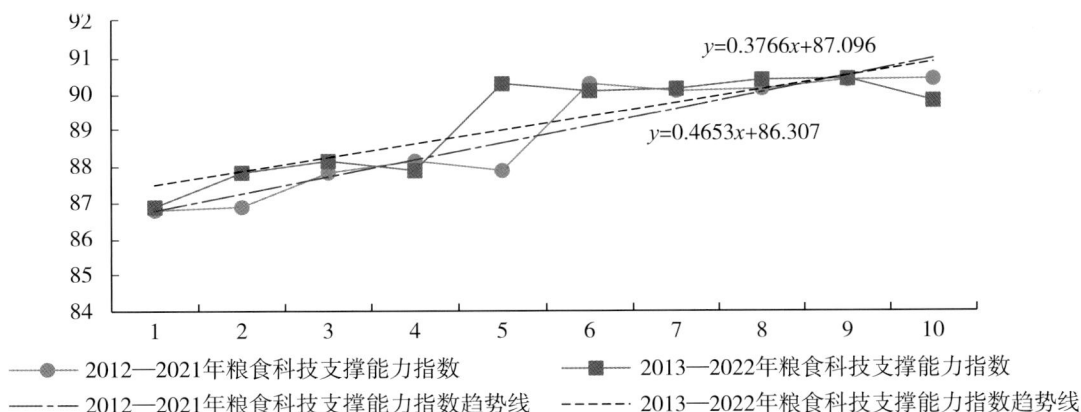

图 1-10 2012—2021 年与 2013—2022 年我国粮食科技支撑能力指数
资料来源：中国农业科学院农业信息研究所农业产业安全研究团队。

（四）粮食资源环境条件

2013—2022 年我国粮食资源环境条件指数稳定在基本安全区间，整体呈现小幅震荡上升走势，其中指数运行高位为 2022 年（89.55），仍与安全区间有一步之遥。

本周期（2013—2022 年）粮食资源环境条件进一步向好，指数平均值较上周期（2012—2021 年）提高 0.70，达到 85.30；同时从粮食资源环境条件指数拟合的趋势线看，本周期趋势线斜率为 0.91，明显高于上周期的 0.78，表明本周期的粮食资源环境条件指数波动幅度有所增大，且上行趋势更加明显（图 1－11）。

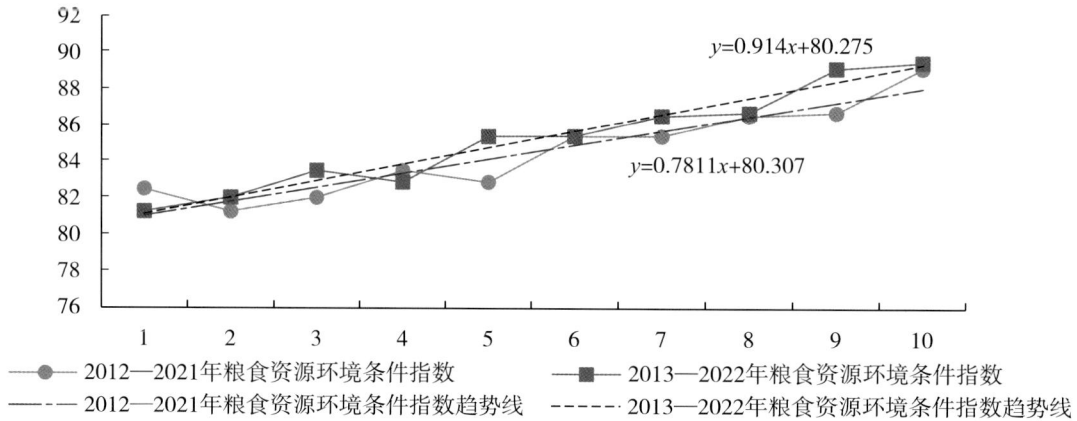

$y=0.914x+80.275$

$y=0.7811x+80.307$

图 1－11　2012—2021 年与 2013—2022 年我国粮食资源环境条件指数
资料来源：中国农业科学院农业信息研究所农业产业安全研究团队。

（五）粮食购买力水平

2013—2022 年我国粮食购买力水平指数在 87～99 区间呈上升走势，安全程度同样跨越基本安全和安全两个区间。本周期（2013—2022 年）城乡居民粮食购买力水平进一步增强，指数平均值较上周期（2012—2021 年）提高 1.18，达到 93.28；同时从粮食购买力水平指数拟合的趋势线看，本周期趋势线斜率为 1.35，高于上周期的 1.23，表明本周期城乡粮食购买力水平指数较上周期上行趋势更为明显（图 1－12）。

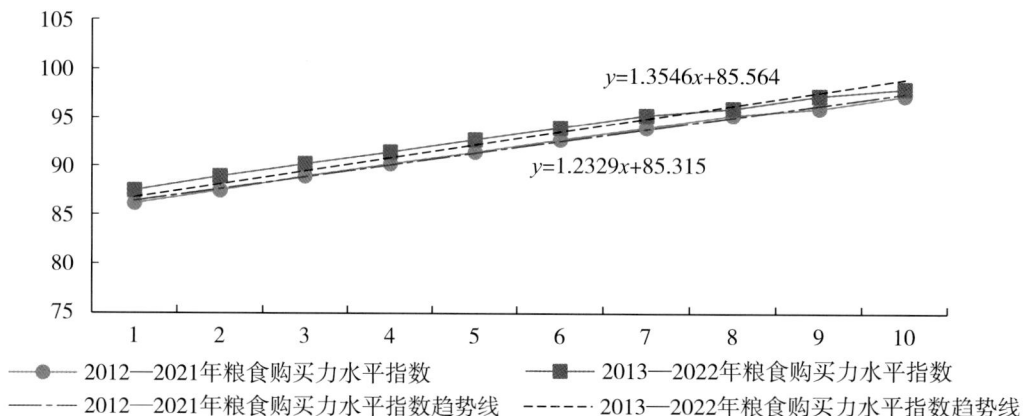

$y=1.3546x+85.564$

$y=1.2329x+85.315$

图 1－12　2012—2021 年与 2013—2022 年我国粮食购买力水平指数
资料来源：中国农业科学院农业信息研究所农业产业安全研究团队。

三、2023 年粮食产业安全态势预判

（一）粮食产业安全程度波动风险度量

本报告根据我国 2012—2022 年粮食产业安全指数以及基础保障水平指数等 5 个分项指数年度间波动率时间序列，拟合出基于正态分布的概率密度函数（表 1-1）。

表 1-1　粮食产业安全指数波动率正态分布的均值和标准差

指数名称	均值	标准差
粮食产业安全	0.007 0	0.016 4
基础保障水平	−0.000 2	0.006 3
市场运行形势	0.002 0	0.049 4
科技支撑能力	0.003 0	0.010 6
资源环境条件	0.008 3	0.014 6
购买力水平	0.012 9	0.003 1

拟合结果表明，我国粮食产业安全指数值波动率服从均值为 0.007 0，标准差为 0.016 4 的正态分布；基础保障水平指数值波动率服从均值为 −0.000 2，标准差为 0.006 3 的正态分布；市场运行形势指数值波动率服从均值为 0.002 0，标准差为 0.049 4 的正态分布；科技支撑能力指数值波动率服从均值为 0.003 0，标准差为 0.010 6 的正态分布；资源环境条件指数值波动率服从均值为 0.008 3，标准差为 0.014 6 的正态分布；购买力水平指数值波动率服从均值为 0.012 9，标准差为 0.003 1 的正态分布。

（二）2023 年粮食产业安全态势预判

1. 预计粮食产业安全指数继续处于安全区间

2023 年，我国各地区继续严格落实耕地保护和粮食安全责任制考核，持续加大对粮食生产的支持力度，全方位夯实粮食安全根基。虽然河南麦收季遭遇 10 年来最严重"烂场雨"，河北和东北地区秋粮也遭受洪涝灾害冲击，但总体评估，灾害造成的损失对全年粮食安全的影响有限，预计我国粮食产业安全指数仍将平稳运行，继续处于安全区间。基于蒙特卡罗仿真模拟的结果显示：2023 年我国粮食产业安全指数预测值低于 94.62 的概率仅为 5%，代表平均值 50% 的百分位线为 97.14，较 2022 年（96.41）稳中有升（表 1-2）。

表 1-2　基于蒙特卡罗风险模拟的粮食产业安全指数预测值

百分位	2023 年预测值
0.05	94.62
0.10	95.11
0.15	95.53
0.20	95.87
0.25	96.14
0.30	96.41
0.35	96.57
0.40	96.76
0.45	96.96
0.50	97.14
0.55	97.41
0.60	97.68
0.65	97.89
0.70	98.12
0.75	98.38
0.80	98.65
0.85	98.92
0.90	99.27
0.95	99.88

2. 预计基础保障水平指数处于安全区间

2023 年，随着新一轮"千亿斤粮食产能提升行动"以及"藏粮于地、藏粮于技"战略的深入实施，粮食产量将稳步提升，预计 2023 年我国粮食自给率和粮食人均占有量将不同程度提升。虽然粮食进口风险因素增多，加之粮食饲用及工业消费仍在增加，导致粮食基础保障水平指数或将呈现回落态势，但整体仍会处于安全区间。基于蒙特卡罗仿真模拟的结果显示：2023 年我国粮食基础保障水平指数预测值低于 94.13 的概率仅为 5%，代表平均值 50% 的百分位线为 95.09，与 2022 年（95.10）基本持平（表 1-3）。

表 1-3　基于蒙特卡罗风险模拟的基础保障水平指数预测值

百分位	2023 年预测值
0.05	94.13
0.10	94.32

（续）

百分位	2023 年预测值
0.15	94.48
0.20	94.61
0.25	94.71
0.30	94.81
0.35	94.88
0.40	94.95
0.45	95.03
0.50	95.09
0.55	95.20
0.60	95.30
0.65	95.38
0.70	95.47
0.75	95.57
0.80	95.67
0.85	95.78
0.90	95.91
0.95	96.15

3. 预计市场运行形势指数处于安全区间

2023 年财政部、农业农村部、金融监管总局印发《关于扩大三大粮食作物完全成本保险和种植收入保险实施范围至全国所有产粮大县的通知》（财金〔2023〕59号），将三大粮食作物完全成本保险和种植收入保险实施范围由 13 个粮食主产省份的产粮大县扩大至全国所有产粮大县，必将推动我国粮食保险深度进一步提升。此外，2023 年我国继续提高小麦和稻谷最低收购价格，同时完善粮食生产补贴、优化粮食市场调控，有助于有效防范粮食市场价格波动风险，稳定种粮农户收益，从而为我国粮食市场运行形势指数继续运行在安全区间提供支撑。基于蒙特卡罗仿真模拟的结果显示：2023 年我国粮食市场运行形势指数预测值代表平均值 50% 的百分位线为 91.90，较 2022 年（91.58）稳中略增（表 1-4）。

表 1-4　基于蒙特卡罗风险模拟的市场运行形势指数预测值

百分位	2023 年预测值
0.05	84.69
0.10	86.09

（续）

百分位	2023 年预测值
0.15	87.29
0.20	88.28
0.25	89.04
0.30	89.80
0.35	90.27
0.40	90.82
0.45	91.39
0.50	91.90
0.55	92.68
0.60	93.46
0.65	94.05
0.70	94.73
0.75	95.46
0.80	96.24
0.85	97.01
0.90	98.01
0.95	99.78

4. 预计科技支撑能力指数处于安全区间

2023 年中央 1 号文件首次提及全面实施生物育种重大项目，加快玉米、大豆生物育种产业步伐，预计我国粮食品种审定通过数量增速将会得到显著提升。并且伴随着我国农业科技推广体系改革工作推进，2023 年我国粮食生产系统总体效率仍将继续提高，助推粮食全要素生产率进一步提升，从而推动我国粮食科技支撑能力指数强劲反弹，并且有望运行到安全区间。基于蒙特卡罗仿真模拟的结果显示：2023 年我国粮食科技支撑能力指数预测值代表平均值 50％的百分位线为 90.09，较 2022 年（89.79）有所提升（表 1－5）。

表 1－5　基于蒙特卡罗风险模拟的科技支撑能力指数预测值

百分位	2023 年预测值
0.05	88.57
0.10	88.87
0.15	89.12
0.20	89.33

（续）

百分位	2023 年预测值
0.25	89.49
0.30	89.65
0.35	89.75
0.40	89.86
0.45	89.98
0.50	90.09
0.55	90.25
0.60	90.42
0.65	90.54
0.70	90.68
0.75	90.84
0.80	91.00
0.85	91.16
0.90	91.37
0.95	91.75

5. 预计资源环境条件指数处于基本安全区间

面对"烂场雨"和极端洪涝灾害的冲击，2023 年我国粮食因灾损失面积预计将显著高于 2022 年。不过考虑到我国将继续加强耕地保护和用途管控，严格控制耕地转为其他农用地，加大撂荒耕地利用力度，粮食播种面积增长率预计保持上行态势。同时随着农业投入品减量增效技术应用的有效推进，生产每吨粮食排放的二氧化碳当量仍有下降空间，共同确保 2023 年资源环境条件指数仍将运行在基本安全区间。基于蒙特卡罗仿真模拟的结果显示：2023 年我国粮食资源环境条件指数预测值代表平均值 50％的百分位线为 90.32，较 2022 年（89.55）有所增长，但仍有 35％的概率低于 89.85（表 1－6）。

表 1－6　基于蒙特卡罗风险模拟的资源环境条件指数预测值

百分位	2023 年预测值
0.05	88.24
0.10	88.65
0.15	88.99
0.20	89.28
0.25	89.50

（续）

百分位	2023 年预测值
0.30	89.72
0.35	89.85
0.40	90.01
0.45	90.18
0.50	90.32
0.55	90.55
0.60	90.77
0.65	90.95
0.70	91.14
0.75	91.35
0.80	91.58
0.85	91.80
0.90	92.09
0.95	92.60

6. 购买力水平指数预计处于安全区间

我国疫情防控取得了重大决定性胜利，经济社会全面恢复常态化运行，宏观政策靠前协同发力，预计 2023 年购买力水平指数将进一步提升。基于蒙特卡罗仿真模拟的结果显示：2023 年我国粮食资源环境条件指数预测值低于 98.94 的概率仅为 5%，代表平均值 50% 的百分位线为 99.43，较 2022 年（98.15）有所提高（表 1-7）。

表 1-7 基于蒙特卡罗风险模拟的购买力水平指数预测值

百分位	2023 年预测值
0.05	98.94
0.10	99.04
0.15	99.12
0.20	99.18
0.25	99.24
0.30	99.29
0.35	99.32
0.40	99.36
0.45	99.39
0.50	99.43
0.55	99.48

（续）

百分位	2023 年预测值
0.60	99.53
0.65	99.57
0.70	99.62
0.75	99.67
0.80	99.72
0.85	99.77
0.90	99.84
0.95	99.96

（续）

第二章 稻谷产业安全评估

2022年，我国稻谷产业安全总指数在安全区间内小幅下滑。预计2023年，我国稻谷产业安全指数将止跌回升，继续运行在安全区间。

一、2022年稻谷产业安全态势判断

2022年我国稻谷产业安全总指数为94.93，虽然较2021年下降1.00，降幅达到1.04%，但总体仍运行在安全区间。

从分项指数看，基础保障水平、市场运行形势、购买力水平[①]指数处于安全区间，资源环境条件和科技支撑能力指数运行在基本安全区间。其中，市场运行形势和资源环境条件的指数值达到93.53和89.48，分别较2021年增加0.88和0.28，增幅为0.95%和0.31%；基础保障水平和科技支撑能力的指数值则下降为92.06和89.19，分别较2021年下滑2.36和0.87，降幅为2.50%和0.97%（图2-1）。

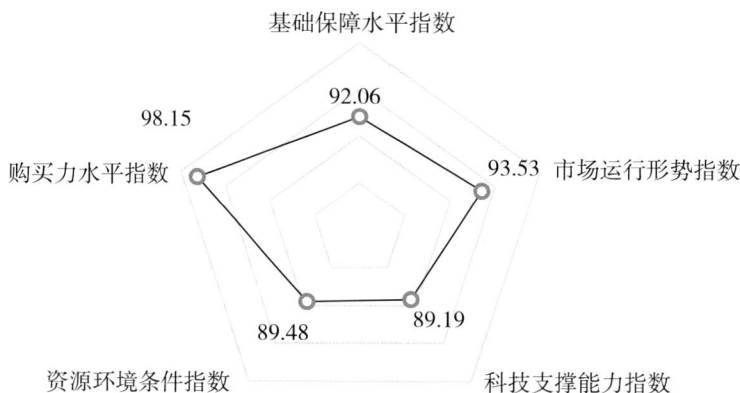

图2-1 2022年稻谷产业安全分项指数

资料来源：中国农业科学院农业信息研究所农业产业安全研究团队。

[①] 稻谷购买力水平指数值等同于粮食（详情见第1章）。

一是基础保障水平大幅下滑。 2022 年我国稻谷种植面积略有下降，同时受南方地区高温干旱影响，稻谷单产也出现下滑。在稻谷种植面积和单产"双减"直接作用下，2022 年我国稻谷产量比 2021 年减少 434.52 万吨，下降为 20 849.48 万吨，降幅高达 2.04%，并且拖累稻谷自给率、库存消费比和人均占有量分别下降为 94.19%、56.04% 和 147.70 千克，较 2021 年下滑 5.21、12.89 个百分点和 3.00 千克，均处于过去十年最低水平（图 2-2）。

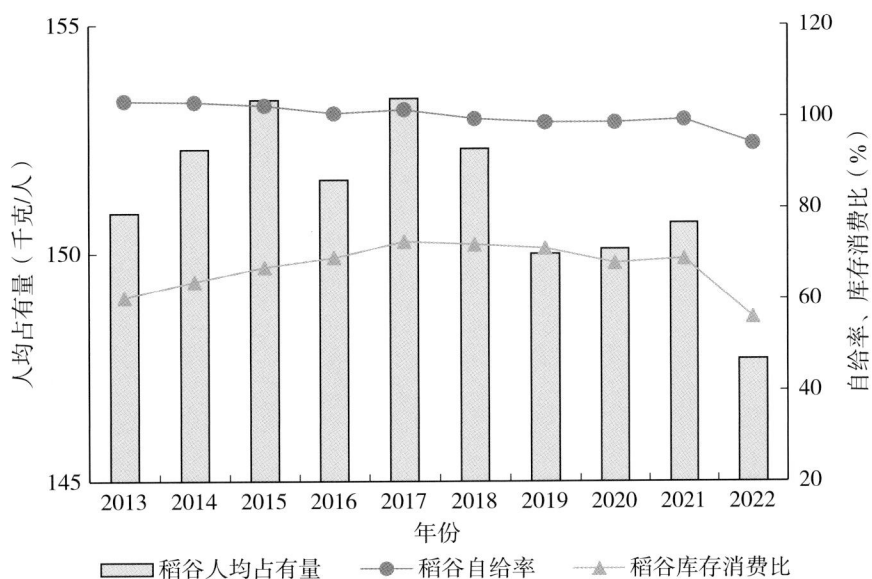

图 2-2　2013—2022 年我国稻谷人均占有量、自给率和库存消费比
资料来源：中国农业科学院农业信息研究所农业产业安全研究团队。

二是市场运行形势稳中向好。 2022 年我国水稻完全成本保险和种植收入保险持续扩面，加之水稻节气保险等新的保险品种的创新推出，助推我国水稻保险稳定发展，虽然稻谷保险深度未能再创新高，较 2021 年略降为 1.20%（下降 0.04 个百分点），但仍处于过去十年第二高位。2022 年我国早籼稻（三等，下同）、中晚籼稻和粳稻最低收购价均较 2021 年有所提高。其中，早籼稻最低收购价格比 2021 年提高 0.04 元/千克，中晚籼稻和粳稻比 2021 年提高 0.02 元/千克。虽然稻谷产量减少推动价格有所上涨，但波动幅度较 2021 年明显收窄，稻谷市场价格波动风险均值下降为 0.21%，较 2021 年下降了 0.06 个百分点，处于过去十年风险中等位置。值得关注的是，稻谷现金收益增速由正转负，下降 5 个百分点，降为过去十年中等偏下位置（图 2-3）。

三是科技支撑能力略有下降。 2022 年我国农业机械化加快向全程全面高质高效转型升级，农机总动力较 2021 年显著增加，推动稻谷耕种收综合机械化率和全要素

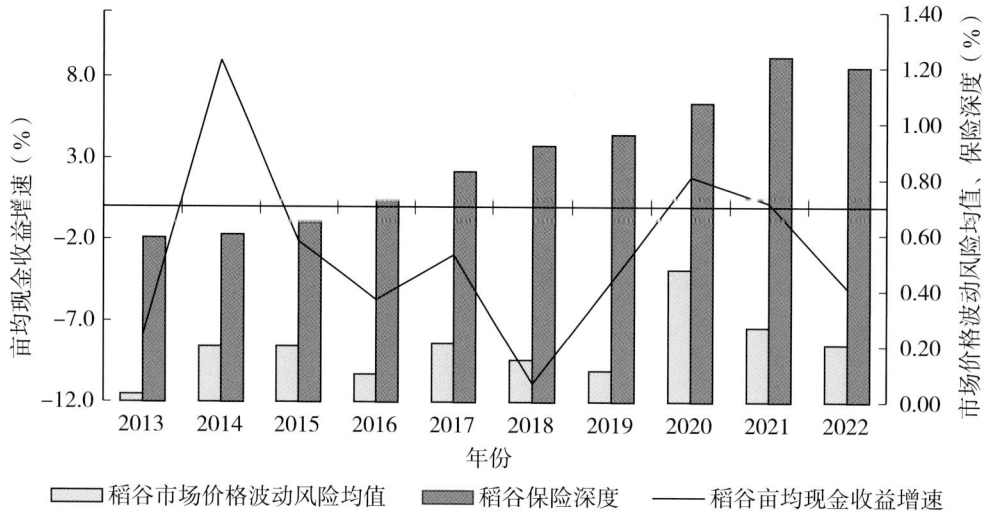

图 2-3 2013—2022 年我国稻谷市场价格波动风险均值和保险深度

资料来源：中国农业科学院农业信息研究所农业产业安全研究团队。

生产率分别达到 85.00％和 2.10（2011 年设定为基期，基期值为 1.00），均为过去十年的最高水平。由于 2021 我国提高了国家级稻品种审定门槛，并新增了多项指标，2022 年我国稻谷通过国家审定的品种数量增速由正转负（－13.52％），较 2021 年重挫 27.52 个百分点，为过去十年最低水平。与此同时，受南方不利天气因素的影响，2022 年我国稻谷单产下降为 472.00 千克/亩，较 2021 年下降 1.45 个百分点，稻谷单产增速由正转负（－0.47％），总体处于过去十年相对较低水平（图 2-4）。

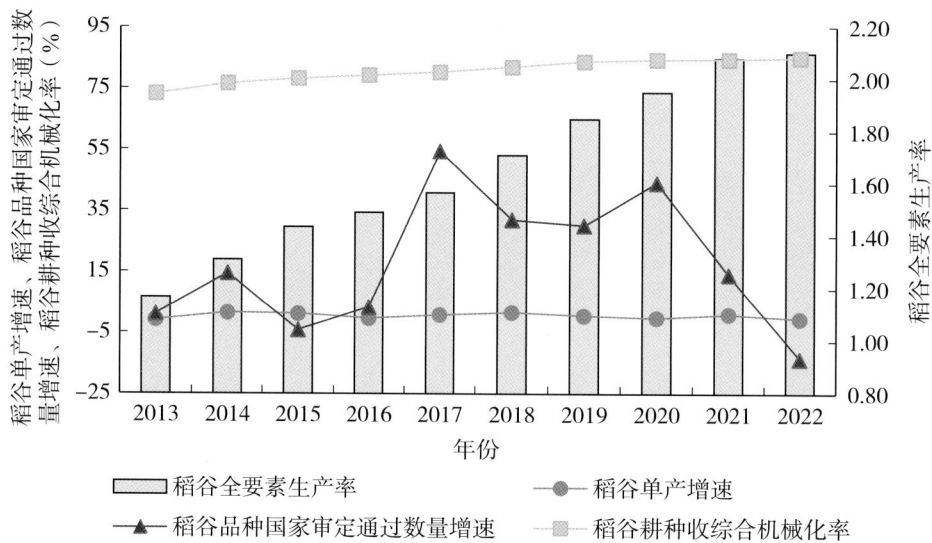

图 2-4 2013—2022 年我国稻谷单产增速、品种审定通过数量增速、
耕种收综合机械化率和全要素生产率

资料来源：中国农业科学院农业信息研究所农业产业安全研究团队。

四是资源环境条件继续改善。 受北方稳粮扩豆全面推开以及南方部分地区农户改种其他作物等多重因素的影响，种植结构的调整致使 2022 年我国稻谷种植面积下降为 2 945.00 万公顷，较 2021 年下降 1.04 个百分点，处于过去十年中等偏低水平。不过得益于我国稻谷品种结构和品质结构持续优化，绿色技术和智能技术加速推广，2022 年我国生产每吨稻米排放的二氧化碳当量下降为 1 080.30 千克，再创历史新低，达到过去十年二氧化碳排放最低水平。此外，虽然 2022 年南方产区夏季持续高温少雨，对处于孕穗开花和灌浆期的一季稻造成不利影响，但东北主产区水稻生长期间气象条件总体适宜，全国稻谷因灾损失面积进一步下降至 765.10 千公顷，较 2021 年减少了 66.53 千公顷，降幅为 8.0%，成为过去十年灾害最轻的年份（图 2-5）。

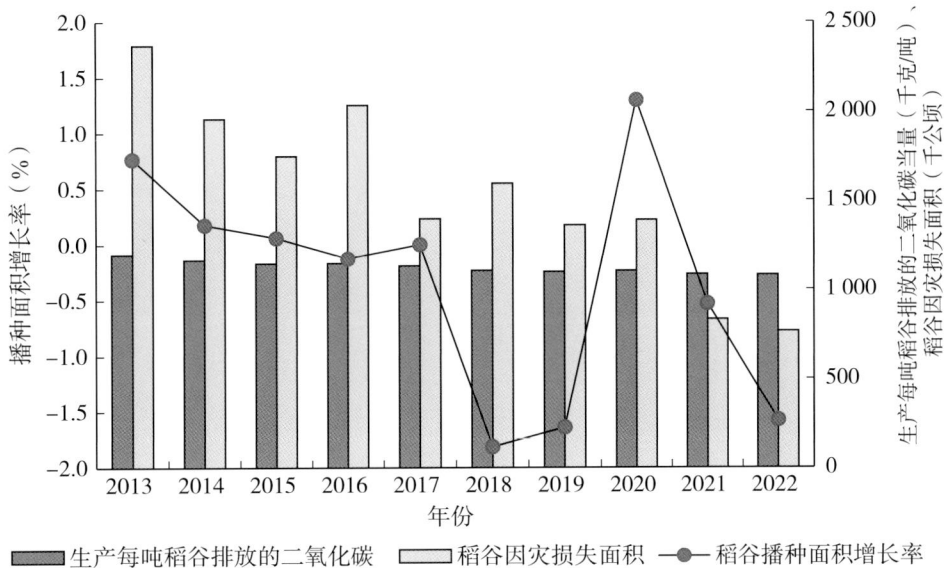

图 2-5　2013—2022 年我国稻谷单产二氧化碳排放当量、因灾损失面积和播种面积增长率
资料来源：中国农业科学院农业信息研究所农业产业安全研究团队。

二、过去 10 年稻谷产业安全趋势演变

本周期（2013—2022 年）我国稻谷产业安全指数总体上呈现"升—降—升—降"的波动走势，指数值跨越基本安全与安全两个区间。其中，指数在 2013 年（89.19）处于基本安全区间，其余年份指数均运行在安全区间。

本周期（2013—2022 年）稻谷产业安全指数平均值为 93.01，较上周期（2012—2021 年）提高 0.65，增幅为 0.70%，表明本周期我国稻谷产业安全水平高于上周期。本周期稻谷产业安全指数拟合趋势线斜率为 0.67，低于上周期的拟合趋势线斜

率（0.80），表明本周期稻谷产业安全指数波动幅度较上周期变小，但上行趋势趋于减缓（图2-6）。

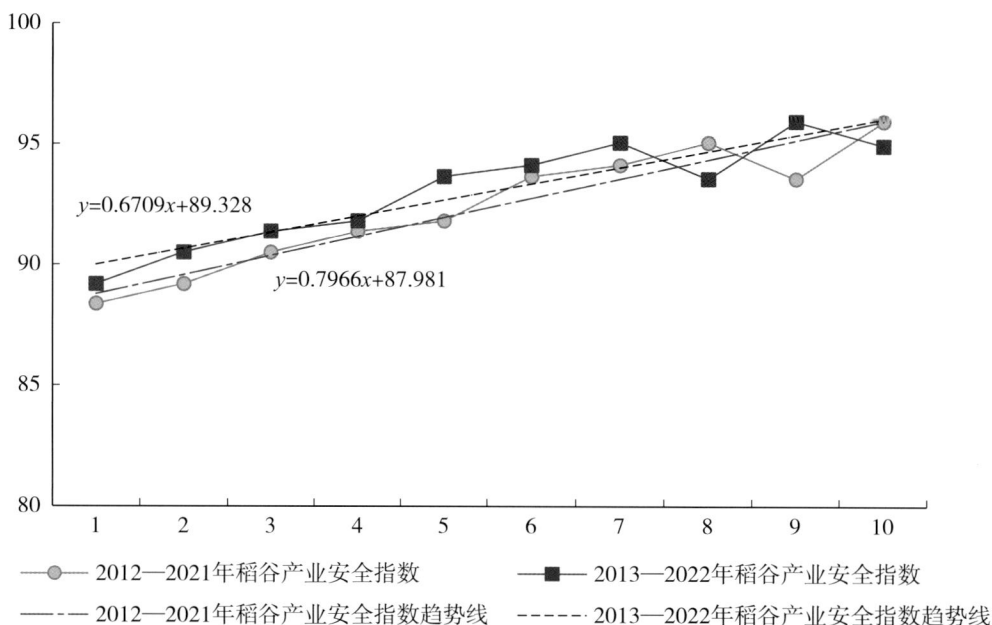

$y=0.6709x+89.328$

$y=0.7966x+87.981$

● 2012—2021年稻谷产业安全指数　　■ 2013—2022年稻谷产业安全指数
—·— 2012—2021年稻谷产业安全指数趋势线　　----- 2013—2022年稻谷产业安全指数趋势线

图2-6　2012—2021年与2013—2022年我国稻谷产业安全指数
资料来源：中国农业科学院农业信息研究所农业产业安全研究团队。

（一）稻谷基础保障水平趋势演变

本周期（2013—2022年）我国稻谷基础保障水平指数在安全区间运行，呈现"先升后降"波动走势。指数运行波峰为2018年的94.78，波谷出现在2022年，为92.06，落差2.72。

本周期（2013—2022年）稻谷基础保障水平指数平均值94.30，较上周期（2012—2021年）下降0.18，表明本周期稻谷基础保障水平略低于上周期；同时从稻谷基础保障水平指数拟合的趋势线看，本周期趋势线斜率为负值（-0.13），上周期趋势线斜率为0.04，本周期斜率的绝对值明显高于上周期，表明本周期稻谷基础保障水平指数较上周期波动幅度增大，且下行趋势更为明显（图2-7）。

（二）稻谷市场运行形势趋势演变

本周期（2013—2022年）我国稻谷市场运行形势指数跨越基本安全与安全两个区间，并在87~95区间内反复宽幅震荡。

本周期（2013—2022年）稻谷市场运行形势指数平均值较上周期（2012—2021

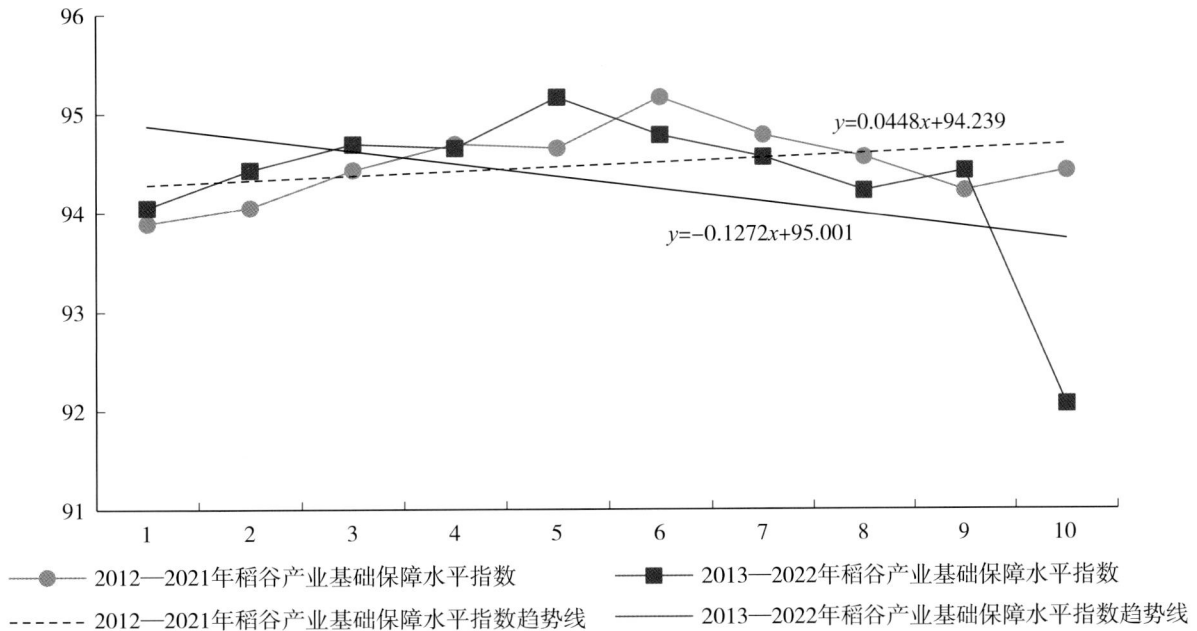

图 2-7　2012—2021 年与 2013—2022 年我国稻谷产业基础保障水平指数
资料来源：中国农业科学院农业信息研究所农业产业安全研究团队。

年）提高 0.45，达到 92.35，表明本周期稻谷市场运行形势好于上周期；同时从稻谷市场运行形势指数拟合的趋势线看，本周期趋势线斜率为负值（-0.05），上周期趋势线斜率为 0.04，本周期斜率的绝对值略高于上周期，表明本周期稻谷市场形势安全指数波动幅度较上周期变大，且下行压力较为明显（图 2-8）。

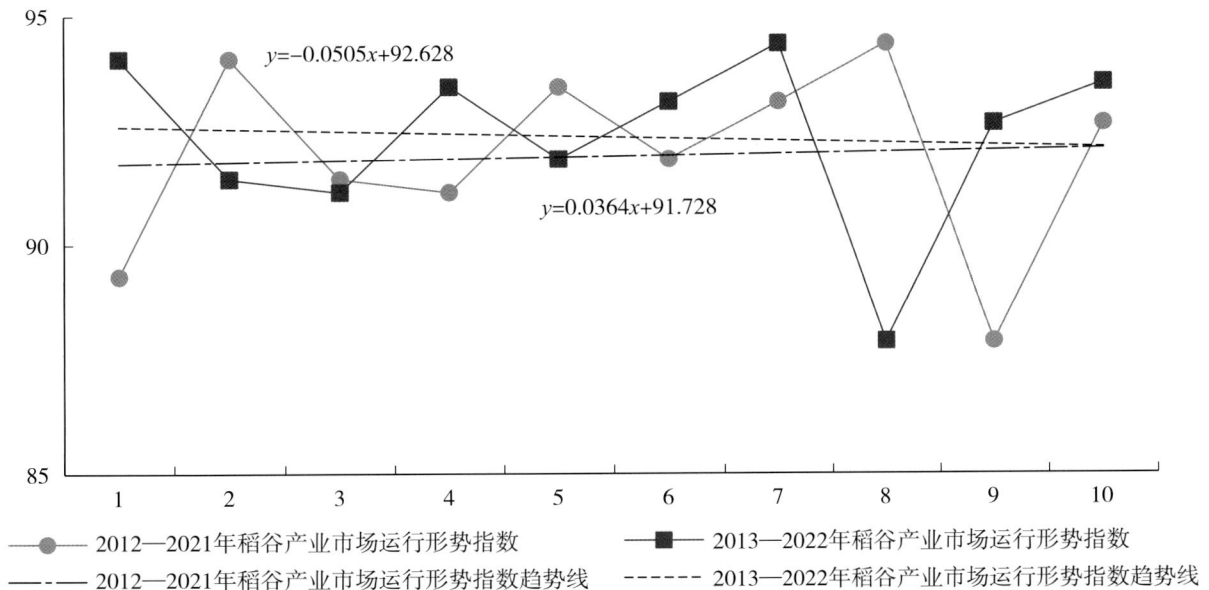

图 2-8　2012—2021 年与 2013—2022 年我国稻谷产业市场运行形势指数
资料来源：中国农业科学院农业信息研究所农业产业安全研究团队。

（三）稻谷科技支撑能力趋势演变

本周期（2013—2022 年）我国稻谷科技支撑能力指数在 87～91 区间运行，呈现"升—降—升—降"波动走势，安全程度同样跨越基本安全与安全两个区间。

本周期（2013—2022 年）稻谷科技支撑能力指数平均值为 89.04，虽然整体仍未跃至安全区间，但较上一周期（2012—2021 年）提高 0.27，表明本周期稻谷科技支撑能力强于上周期。从稻谷科技支撑能力指数拟合的趋势线看，本周期趋势线斜率为 0.32，低于上周期的 0.44，表明本周期的稻谷科技支撑能力指数波动幅度较上周期变小，但上行趋势趋于减缓（图 2-9）。

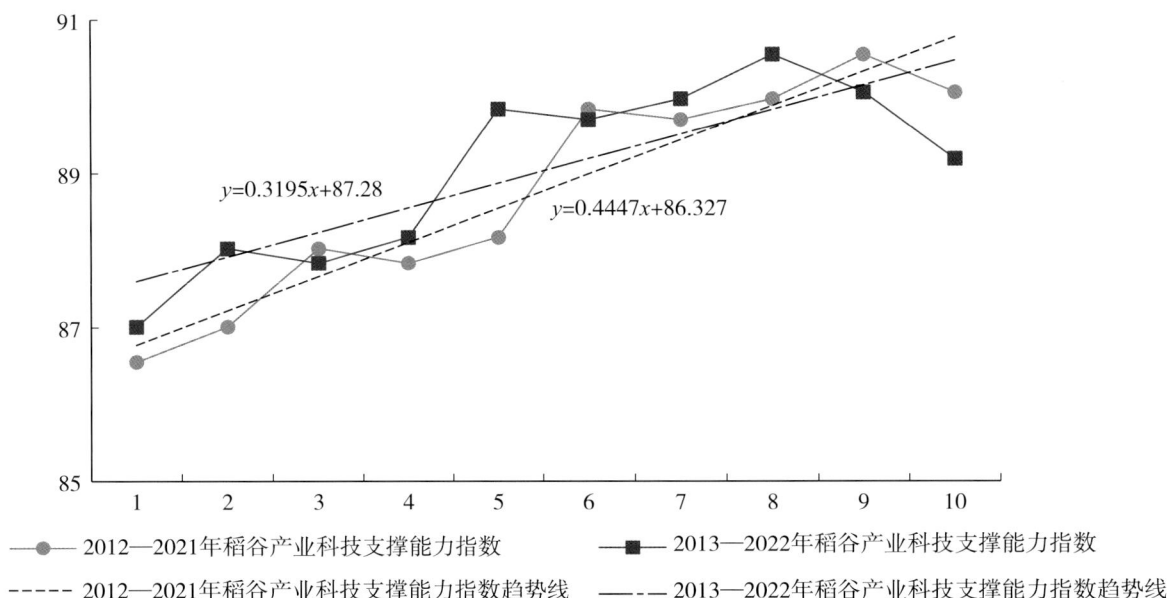

图 2-9　2012—2021 年与 2013—2022 年我国稻谷产业科技支撑能力指数

资料来源：中国农业科学院农业信息研究所农业产业安全研究团队。

（四）稻谷资源环境条件趋势演变

本周期（2013—2022 年）我国稻谷资源环境条件指数在基本安全区间呈现小幅波动上升态势。其中，我国稻谷资源环境条件指数高位出现在 2022 年（89.48），但与安全区间仍有一步之遥。

本周期（2013—2022 年）稻谷资源环境条件指数平均值较上周期（2012—2021年）提高 0.67，达到 85.76，表明本周期稻谷资源环境条件优于上周期；同时从稻谷资源环境条件指数拟合的趋势线看，本周期趋势线斜率为 0.86，高于上周期的 0.78，表明本周期稻谷资源环境条件指数较上周期波动幅度增大，但上行趋势更为明显

（图 2 - 10）。

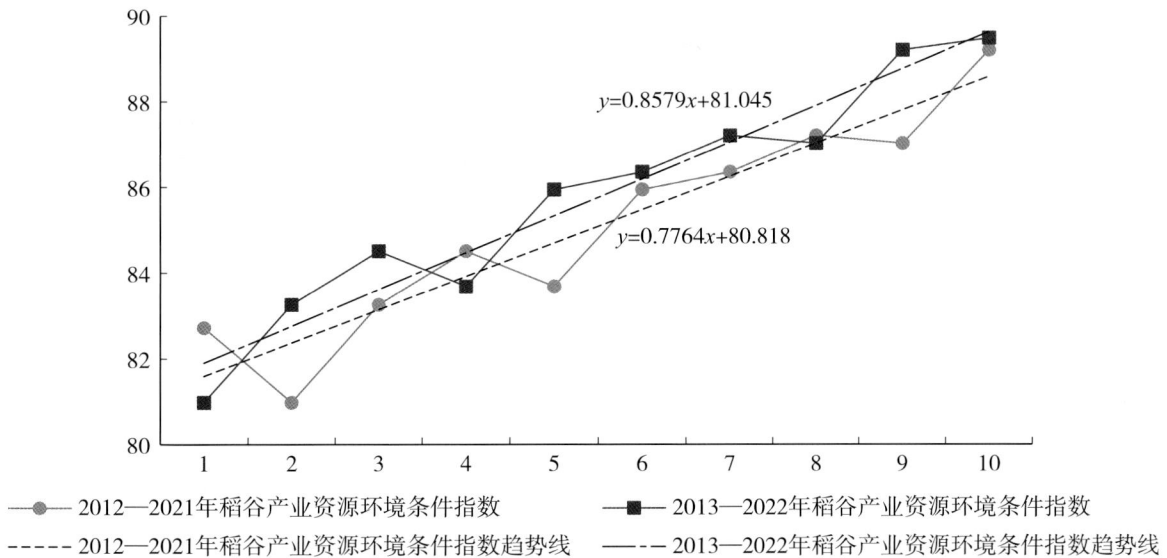

图 2 - 10 2012—2021 年与 2013—2022 年我国稻谷资源环境条件指数

资料来源：中国农业科学院农业信息研究所农业产业安全研究团队。

三、2023 年稻谷产业安全态势预判

（一）稻谷产业安全程度波动风险度量

本报告根据我国 2012—2022 年稻谷产业安全指数以及基础保障水平指数等 5 个分项指数年度间波动率时间序列，拟合出基于正态分布的概率密度函数（表 2 - 1）。

表 2 - 1 稻谷产业安全指数波动率正态分布的均值和标准差

指数名称	均值	标准差
稻谷产业安全指数	0.007 2	0.014 2
基础保障水平指数	−0.001 9	0.008 7
市场运行形势指数	0.005 3	0.036 9
科技支撑能力指数	0.003 0	0.009 5
资源环境条件指数	0.008 0	0.016 3

拟合结果表明，我国稻谷产业安全指数值波动率服从均值为 0.007 2，标准差为 0.014 2 的正态分布；基础保障水平指数值波动率服从均值为 −0.001 9，标准差为 0.008 7 的正态分布；市场运行形势指数值波动率服从均值为 0.005 3，标准差为 0.036 9 的正态分布；科技支撑能力指数值波动率服从均值为 0.003 0，标准差为

0.009 5 的正态分布；资源环境条件指数值波动率服从均值为 0.008 0，标准差为 0.016 3 的正态分布。

（二）稻谷产业安全态势预判

1. 预计稻谷产业安全指数继续处丁安全区间

2023 年，我国稻谷预计将实现稳面积、提单产、增总产的目标，从而推动稻谷产业安全指数止跌回升，继续稳定运行在安全区间。基于蒙特卡罗仿真模拟的结果显示：2023 年我国稻谷产业安全指数预计值低于 93.51 的概率仅为 5%，代表平均值 50% 的百分位线为 95.65，较 2022 年（94.93）实现稳中有升（表 2-2）。

表 2-2　基于蒙特卡罗仿真模拟的稻谷产业安全指数预测值

百分位	2023 年预测值
0.05	93.51
0.10	93.93
0.15	94.28
0.20	94.58
0.25	94.80
0.30	95.03
0.35	95.17
0.40	95.33
0.45	95.50
0.50	95.65
0.55	95.89
0.60	96.12
0.65	96.29
0.70	96.49
0.75	96.71
0.80	96.94
0.85	97.17
0.90	97.47
0.95	98.00

2. 预计稻谷基础保障水平指数处于安全区间

2023 年，我国稻谷消费总量将稳中略降，在实现稳面积、提单产、增总产的情景下，预计稻谷库存消费比和稻谷自给率均将会不同程度提升，因此，预计我国稻谷基础保障水平指数继续运行在安全区间。基于蒙特卡罗仿真模拟的结果显示：虽然2023年代表平均值50％的百分位线为91.90，较2022年（92.06）稳中略降，但我国稻谷基础保障水平指数预测值低于90.62的概率仅为5％（表2－3）。

表2－3　基于蒙特卡罗仿真模拟的稻谷基础保障水平指数预测值

百分位	2023年预测值
0.05	90.62
0.10	90.87
0.15	91.09
0.20	91.26
0.25	91.40
0.30	91.53
0.35	91.62
0.40	91.71
0.45	91.81
0.50	91.90
0.55	92.04
0.60	92.18
0.65	92.29
0.70	92.41
0.75	92.54
0.80	92.68
0.85	92.81
0.90	92.99
0.95	93.30

3. 预计稻谷市场运行形势指数处于安全区间

2023年，我国继续在稻谷主产区实施最低收购价政策，且最低收购价格较2022年会有所提高，同时受人工成本继续上涨的影响，我国稻谷价格总体上将稳中走高，稻谷月度间市场价格波动风险均值变大的可能性较大。此外，由于水稻种植成本上涨较快、加之东北等主产区受强降雨等不利天气因素影响严重，农户种植收益或有所下降，但综合研判，预计全年指数仍将继续运行在安全区间。基于蒙特卡罗仿真模拟的结果显示：2023年我国稻谷市场运行形势指数预测值低于88.63的概率仅为5％，代表平均值50％的百分位线为94.12，较2022年（93.53）稳中略升（表2－4）。

表2-4　基于蒙特卡罗仿真模拟的稻谷市场运行形势指数预测值

百分位	2023年预测值
0.05	88.63
0.10	89.70
0.15	90.61
0.20	91.37
0.25	91.94
0.30	92.53
0.35	92.88
0.40	93.30
0.45	93.74
0.50	94.12
0.55	94.72
0.60	95.31
0.65	95.76
0.70	96.28
0.75	96.84
0.80	97.43
0.85	98.03
0.90	98.79
0.95	100.14

4. 预计稻谷科技支撑能力指数处于基本安全区间

2023年，互联网、人工智能、大数据等技术正在对我国水稻生产领域产生深刻影响，农业智能装备等技术正在加速实现对传统农业生产工具的升级改造，水稻生产技术智能化趋势加速显现，助推我国稻谷耕种收综合机械化率和全要素生产率将进一步提高。考虑到水稻品种审定通过数量增速的放缓，虽然2023年我国稻谷科技支撑能力指数将会有所提升，但仍将处于基本安全区间。基于蒙特卡罗仿真模拟的结果显示：2023年我国稻谷科技支撑能力指数值低于88.14和高于90.96的概率均为5%，代表平均值50%的百分位线为89.49，较2022年（89.19）稳中略升（表2-5）。

表2-5　基于蒙特卡罗仿真模拟的稻谷科技支撑能力指数预测值

百分位	2023年预测值
0.05	88.14
0.10	88.40

（续）

百分位	2023 年预测值
0.15	88.63
0.20	88.81
0.25	88.95
0.30	89.10
0.35	89.18
0.40	89.29
0.45	89.39
0.50	89.49
0.55	89.64
0.60	89.78
0.65	89.89
0.70	90.02
0.75	90.15
0.80	90.30
0.85	90.45
0.90	90.63
0.95	90.96

5. 预计稻谷资源环境条件指数有望跃上安全区间

2023 年，我国稻谷收购价有所上调、稻谷补贴有所增大，一定程度上带动了农户种稻的积极性，预计 2023 年我国水稻种植面积将稳中有增。同时，随着我国水稻品种品质结构的持续优化、优质稻的快速发展，我国生产每吨稻米排放的二氧化碳当量存在再创新低的可能和空间。此外，我国水稻主产区气象条件尚属于正常范围，全国稻谷因灾损失面积预计将保持相对稳定。综合研判，2023 年我国稻谷资源环境条件指数很有可能跃上安全区间。基于蒙特卡罗仿真模拟的结果显示：2023 年我国稻谷资源环境条件指数预测值代表平均值 50% 的百分位线为 90.24，较 2022 年（89.48）有所提升（表 2－6）。

表 2－6　基于蒙特卡罗仿真模拟的稻谷资源环境条件指数预测值

百分位	2023 年预测值
0.05	87.91
0.10	88.36
0.15	88.75

百分位	2023 年预测值
0.20	89.07
0.25	89.31
0.30	89.56
0.35	89.71
0.40	89.89
0.45	90.07
0.50	90.24
0.55	90.49
0.60	90.74
0.65	90.93
0.70	91.15
0.75	91.39
0.80	91.64
0.85	91.89
0.90	92.21
0.95	92.78

第三章　小麦产业安全评估

2022 年我国小麦产业安全指数在安全区间运行且略有下滑。预计 2023 年，我国小麦产业安全指数值将保持基本稳定，继续运行在安全区间。

一、2022 年小麦产业安全态势判断

2022 年我国小麦产业安全指数为 96.02，较 2021 年下降 2.76，降幅达到 2.79%，但仍处于安全区间。

从分项指数看，基础保障水平指数和购买力水平指数继续处于安全区间，其中基础保障水平指数值为 97.00，较 2021 年下降 0.77，降幅 0.78%；购买力水平指数值为 98.15，较 2021 年增加 0.73，增幅 0.75%。市场运行形势指数和科技支撑能力指数由安全区间下滑至基本安全区间，其中市场运行形势指数值为 84.26，较 2021 年重挫 10.01，降幅高达 10.62%；科技支撑能力指数值为 89.24，较 2021 年下降 2.66，降幅 2.90%。资源环境条件指数继续处于基本安全区间，指数值为 89.52，较 2021 年增加 0.30，增幅 0.34%（图 3-1）。

一是基础保障水平稳中趋降。2022 年中央财政先后三次向实际种粮农民发放一次性农资补贴资金 400 亿元并继续提高小麦最低收购价，有力提高了农民种粮积极性，我国小麦总产量再创历史新高，达到 13 772 万吨，较 2021 年增加 77 万吨，增长 0.56%，使得小麦人均占有量"水涨船高"攀至 97.55 千克，较 2021 年增加 0.62%，均处于过去十年最高水平。2022 年出于对不同品种的补充和调剂需要，我国小麦进口量也达到创纪录的 996 万吨，较 2021 年增加 1.9 个百分点，致使 2022 年我国小麦自给率较 2021 年下滑 0.50 个百分点，降至 100.03%，但自给率仍超过 100%。受此影响，2022 年我国小麦库存消费比较 2021 年下降 9.35%，降至 100.80%，不过仍处于过去十年中等偏上位置（图 3-2）。

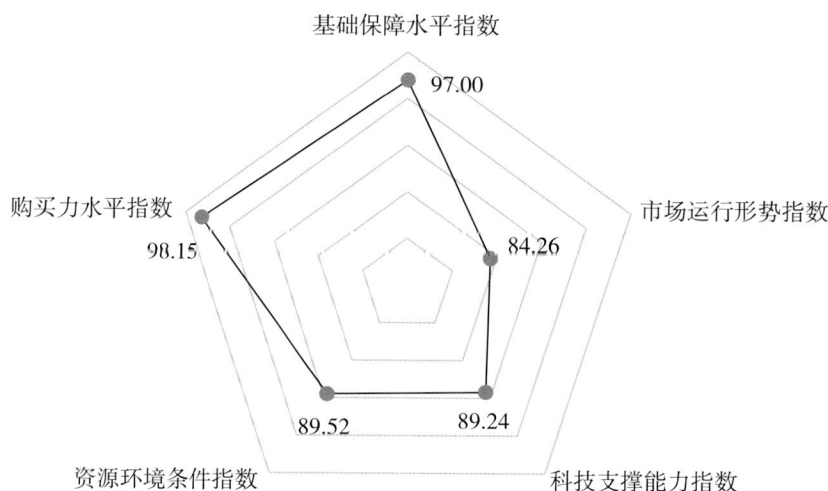

图 3-1　2022 年小麦产业安全分项指数
资料来源：中国农业科学院农业信息研究所农业产业安全研究团队。

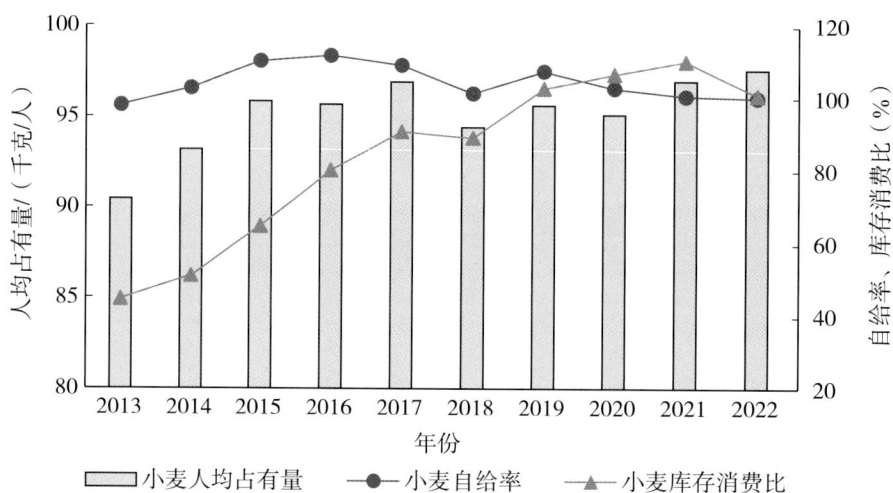

图 3-2　2013—2022 年我国小麦人均占有量、自给率和库存消费比
资料来源：中国农业科学院农业信息研究所农业产业安全研究团队。

二是市场运行形势波动加剧。2022 年三大粮食作物完全成本保险和种植收入保险实施范围已完全覆盖 13 个粮食主产省产粮大县，有效提振我国小麦保险深度稳中有增，恢复至 0.76%，继续保持在过去十年相对较高水平。与此同时，国际小麦市场经受了俄乌冲突、美元加息升值、极端自然灾害和疫情蔓延等多重因素轮番叠加冲击，2022 年国际小麦价格创历史新高，分别较 2021 年平均价格上涨 24.80%。其传导效应加之主产区政策性小麦拍卖重启，推动国内小麦价格波动上涨，致使月度间小麦市场价格波动均值放大至 1.33%，达到 2021 年的 4.11 倍，处于过去十年风险最高位。受此影响，2022 年我国小麦亩均现金收益增速达到 22.00%，处于过去十年较高位置（图 3-3）。

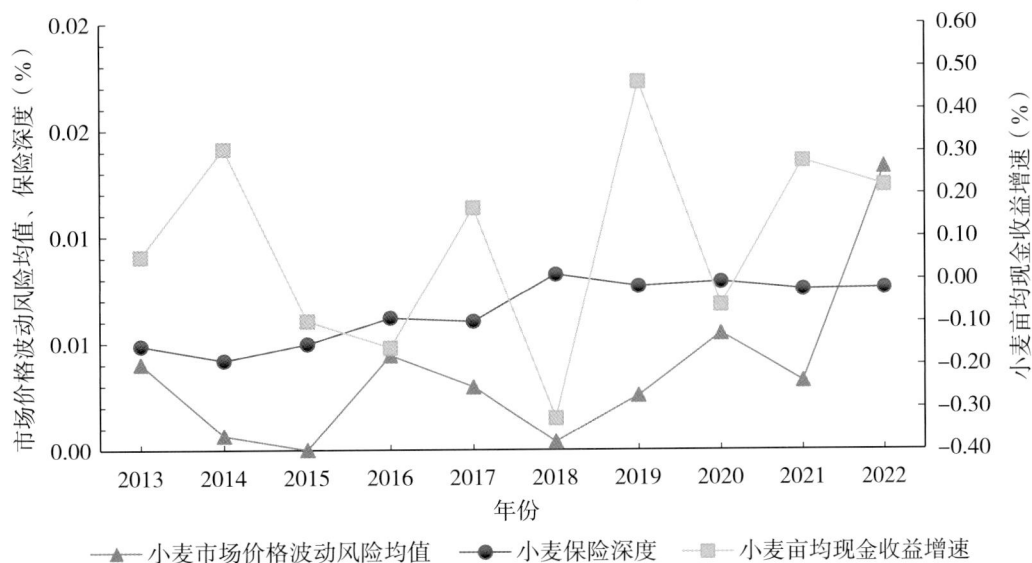

图 3-3　2013—2022 年我国小麦市场价格波动风险均值、
保险深度和亩均现金收益增速
资料来源：中国农业科学院农业信息研究所农业产业安全研究团队。

三是科技支撑能力冲高回落。伴随着我国大力推进农业机械化、智能化发展的政策面"暖风频吹"，小麦生产离全面实现"机器换人"更进一步，2022 年小麦耕种收综合机械化率为 98.02%，与 2021 年持平，继续保持在过去十年最高水平；同时，2022 年小麦全要素生产率持续增长，进一步攀至 2.08（2011 年设定为基期，基期值为 1.00），较 2021 年增加 0.07，同样处于过去十年最高位置。2022 年我国小麦品种审定（含国审和省审）通过数量 484 个，较 2021 年减少 162 个，降幅达到 25.08%，虽下降较为明显，但仍处于过去十年较高位置。值得关注的是，尽管我国小麦实现了单产连续四年增长，但小麦生产能力阶段性"天花板"已经显现，单产增速连续三年下降，2022 年我国小麦单产增速更是较 2021 年下降 0.41 个百分点，下滑至 0.78%，处于过去十年较低位置（图 3-4）。

四是资源环境条件继续改善。2022 年我国小麦播种面积 2 353.33 万公顷，比 2021 年减少 4.86 万公顷，下降 0.21%，面积基本稳定，处于过去十年的中等位置。主要得益于 2022 年我国小麦主产区整体气候条件有利，小麦赤霉病、条锈病、蚜虫等病虫害发生偏轻且防控措施及时，小麦因灾损失面积进一步减至 61.10 万公顷，较 2021 年大幅下降 6.72%，是过去十年受灾损失面积最少的年份。同时，随着高标准农田建设的进一步推进、化肥农药的减量施用和高效利用，2022 年我国生产每吨小

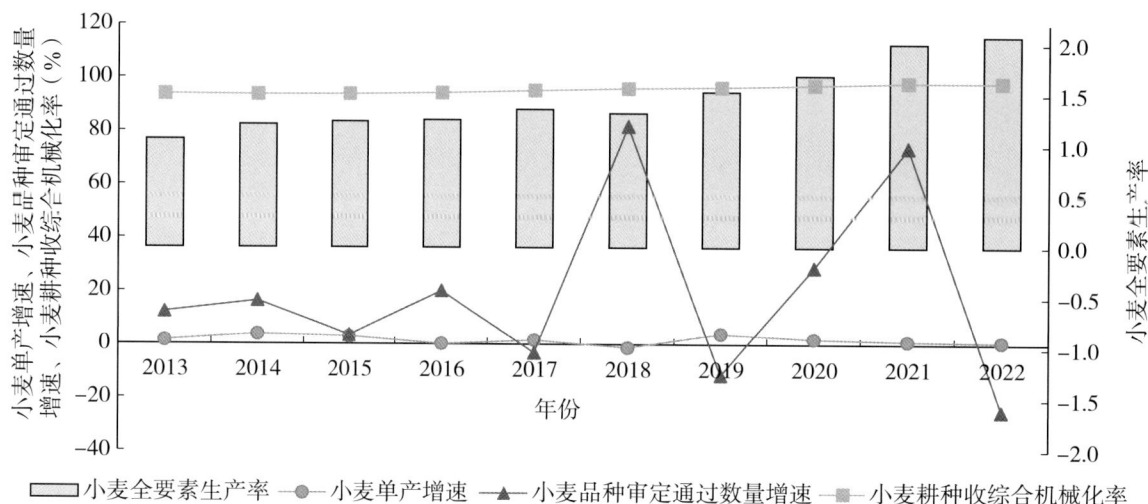

图 3-4 2013—2022 年我国小麦单产增速、品种审定通过数量增速、
耕种收综合机械化率和全要素生产率
资料来源：中国农业科学院农业信息研究所农业产业安全研究团队。

麦排放的二氧化碳量当量持续降至 420.52 千克，较 2021 年减少 5.11 千克，处于过去十年最低位置（图 3-5）。

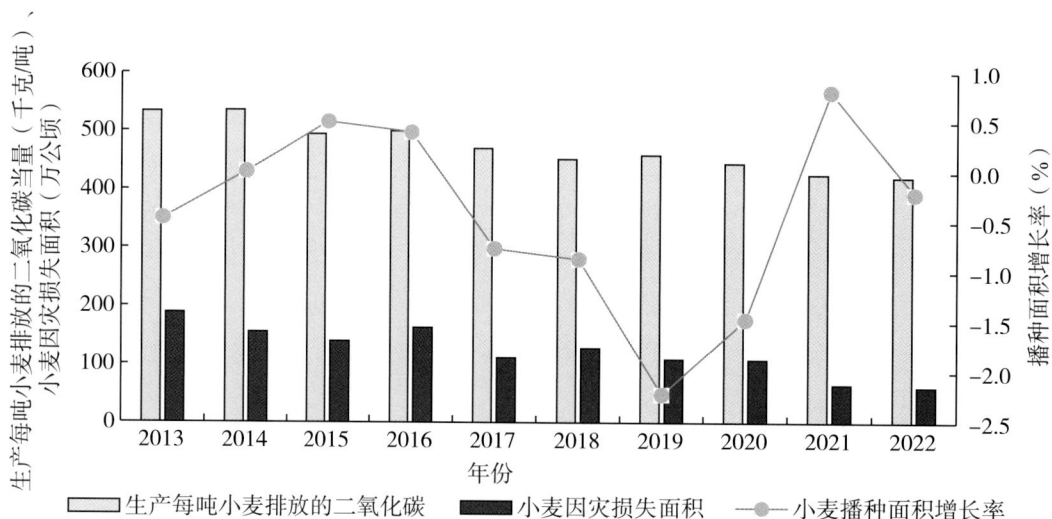

图 3-5 2013—2022 年我国小麦单产二氧化碳排放量、因灾损失面积和播种面积增长率
资料来源：中国农业科学院农业信息研究所农业产业安全研究团队。

二、过去 10 年小麦产业安全趋势演变

本周期（2013—2022 年）我国小麦产业安全指数总体上呈现"M+M"形曲线

震荡整理趋势，跨越基本安全和安全两个区间，而上周期（2012—2021 年）则呈现"M＋V"形曲线震荡上行趋势。

本周期小麦产业安全指数平均值为 93.84，较上周期指数均值增加 0.93，增幅为 1.00％，表明本周期我国小麦产业安全水平高于上周期。本周期小麦产业安全指数拟合趋势线斜率为 1.07，低于上周期的 1.32，表明本周期小麦产业安全指数波动幅度较上周期有所降低，但存在着一定程度的下行压力（图 3-6）。

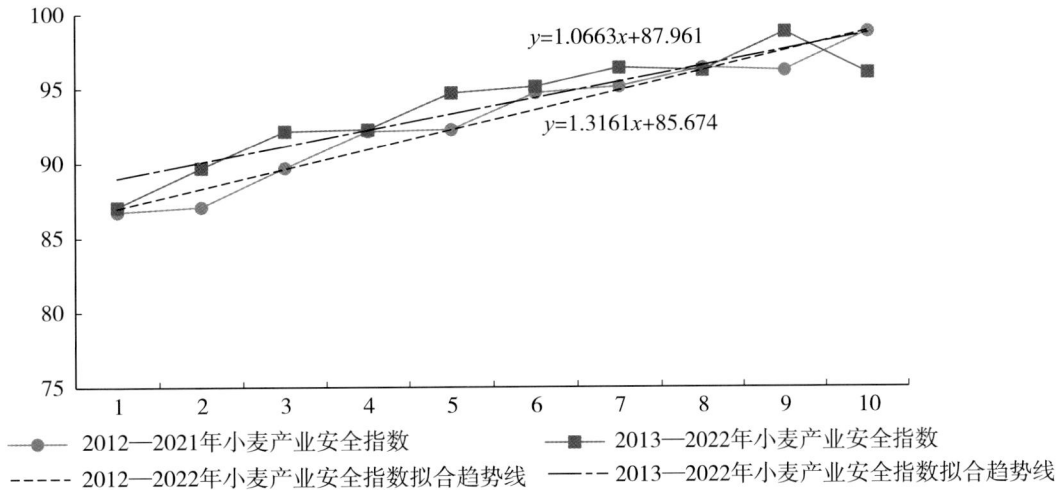

图 3-6　2012—2021 年与 2013—2022 年我国小麦产业安全指数
资料来源：中国农业科学院农业信息研究所农业产业安全研究团队。

（一）小麦供给保障水平

本周期（2013—2022 年）我国小麦产业供给保障水平指数在安全区间呈现"M"形曲线震荡上升趋势。指数运行波峰为 2019 年的 98.23，波谷为 2013 年的 90.63，波峰波谷之间的落差值为 7.60。

本周期（2013—2022 年）小麦供给保障水平有所提升，指数平均值较上一周期（2012—2021 年）提高 0.60，达到 95.96。同时从小麦供给保障水平指数拟合趋势线看，本周期趋势线斜率为 0.66，低于上周期斜率 0.88，表明本周期的小麦供给保障水平波动幅度较上周期有所降低，但上行趋势相对趋于减缓（图 3-7）。

（二）小麦市场运行形势

本周期（2013—2022 年）我国小麦产业市场运行形势指数除 2013 年处于基本安全区间外，其他年份均处于安全区间，但震荡幅度较大，呈现"升—降—升—降—升—

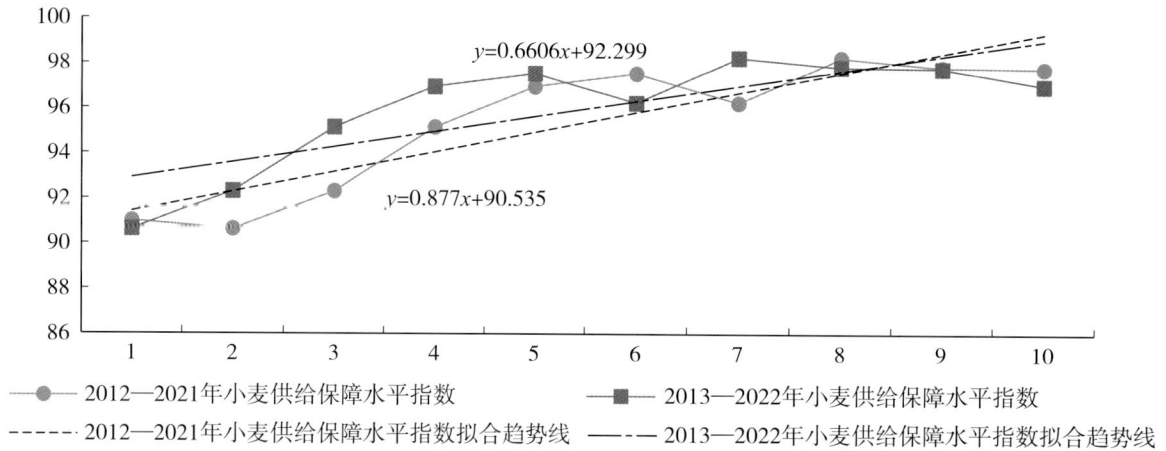

$y=0.6606x+92.299$

$y=0.877x+90.535$

● 2012—2021年小麦供给保障水平指数　　■ 2013—2022年小麦供给保障水平指数
- - - 2012—2021年小麦供给保障水平指数拟合趋势线　—·— 2013—2022年小麦供给保障水平指数拟合趋势线

图 3-7　2012—2021 年与 2013—2022 年我国小麦产业供给保障水平指数
资料来源：中国农业科学院农业信息研究所农业产业安全研究团队。

降"走势。其中，指数运行波峰为 2019 年的 95.51，波谷为 2022 年的 84.26，波峰波谷之间的落差值高达 11.25。

　　本周期（2013—2022 年）小麦市场运行形势有所下滑，指数平均值较上一周期（2012—2021 年）降低 0.54，降至 92.23。同时从小麦市场运行形势指数拟合的趋势线看，本周期趋势线斜率的为 −0.352，绝对值高于上周期斜率 0.319，表明相较于上周期，本周期的小麦市场运行形势波动幅度增大，并且下行趋势明显加快（图 3-8）。

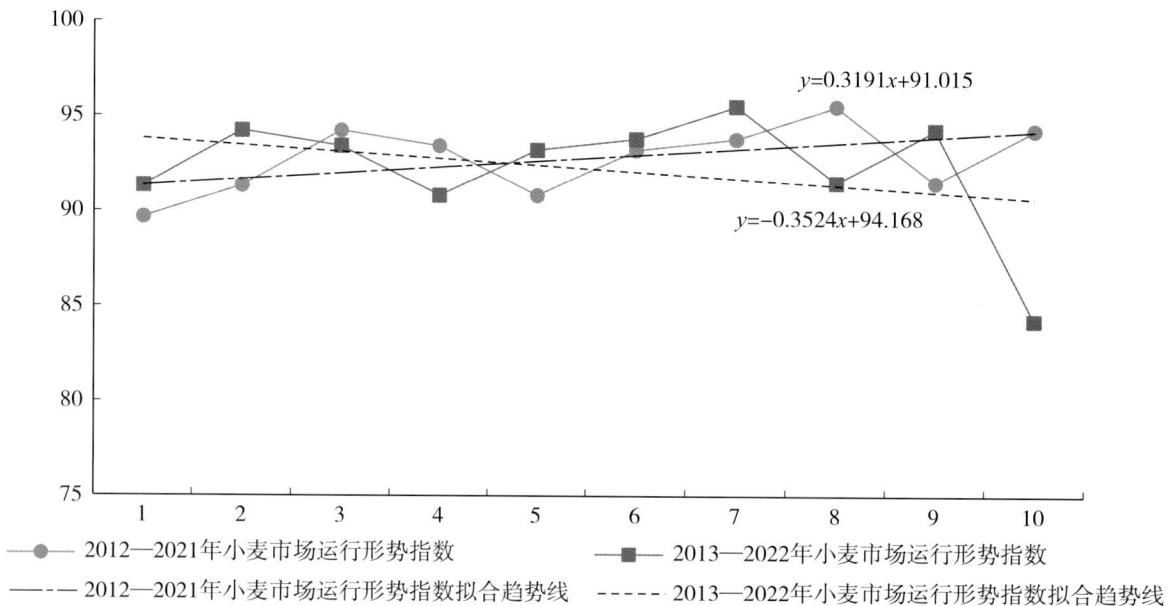

$y=0.3191x+91.015$

$y=-0.3524x+94.168$

● 2012—2021年小麦市场运行形势指数　　■ 2013—2022年小麦市场运行形势指数
—·— 2012—2021年小麦市场运行形势指数拟合趋势线　- - - 2013—2022年小麦市场运行形势指数拟合趋势线

图 3-8　2012—2021 年与 2013—2022 年我国小麦产业市场运行形势指数
资料来源：中国农业科学院农业信息研究所农业产业安全研究团队。

（三）小麦科技支撑能力

本周期（2013—2022年）我国小麦科技支撑能力指数总体运行在基本安全和安全两个区间，呈现"M＋M"形曲线走势。

本周期（2013—2022年）小麦科技支撑能力有所提升，指数平均值较上一周期（2012—2021年）提高0.27，达到89.14。同时从小麦科技支撑能力指数拟合的趋势线看，本周期趋势线斜率的为0.292，低于上周期斜率0.428，表明相较于上周期，本周期的小麦科技支撑能力波动幅度有所减小，但上行趋势有所减缓（图3-9）。

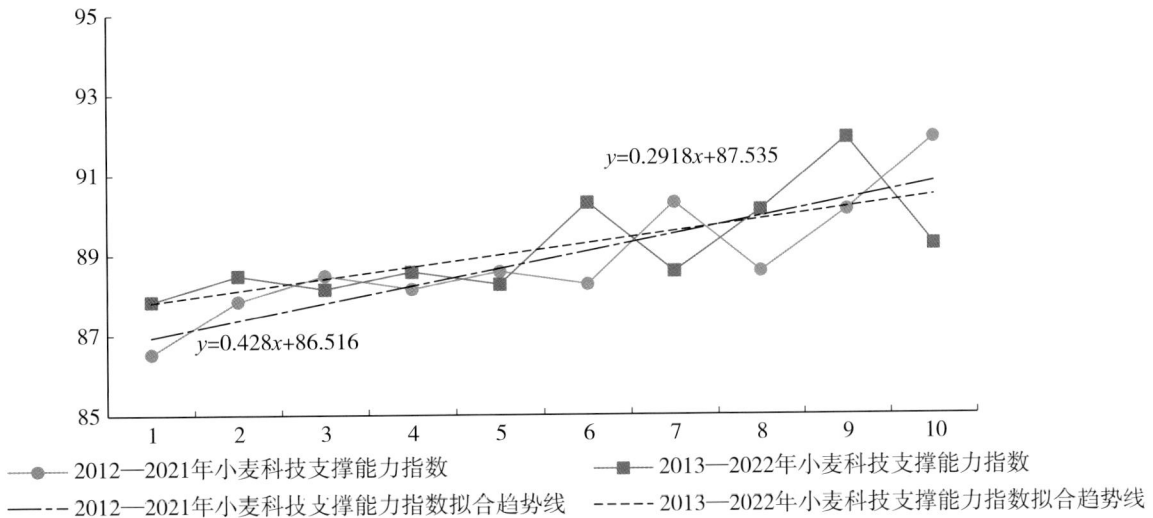

图3-9　2012—2021年与2013—2022年我国小麦产业科技支撑能力指数
资料来源：中国农业科学院农业信息研究所农业产业安全研究团队。

（四）小麦资源环境条件

本周期（2013—2022年）我国小麦资源环境条件指数在基本安全区间呈现"升—降—升—降—升"走势，但震荡幅度较大。其中，指数运行波峰为2022年的89.52，波谷为2013年的81.11，波峰波谷之间的落差值达到8.41。

本周期（2013—2022年）小麦资源环境条件有所改善，指数平均值较上一周期（2012—2021年）提高0.71，达到85.50。同时从小麦资源环境条件指数拟合的趋势线看，本周期趋势线斜率的为0.901，高于上周期斜率0.804，表明相较于上周期，本周期的小麦科技支撑能力波动幅度较上周期有所增加，且上行趋势更为明显（图3-10）。

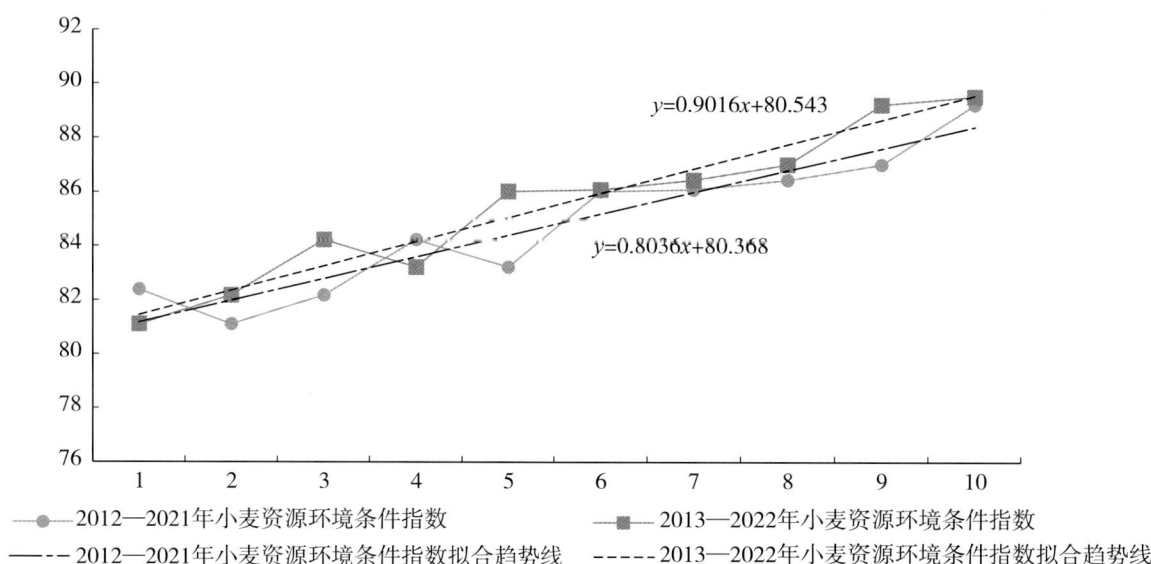

图 3-10　2012—2021 年与 2013—2022 年我国小麦产业资源环境条件指数

资料来源：中国农业科学院农业信息研究所农业产业安全研究团队。

三、2023 年小麦产业安全态势预判

（一）小麦产业安全程度波动风险度量

本报告根据我国 2013—2022 年小麦产业安全指数以及供给保障水平指数等 5 个分项指数年度间波动率时间序列，拟合出基于正态分布的概率密度函数（表 3-1）。

表 3-1　小麦产业安全指数波动率正态分布的均值和标准差

指数名称	均值	标准差
小麦产业安全指数	0.010 2	0.018 6
供给保障水平指数	0.006 2	0.015 1
市场运行形势指数	−0.005 3	0.043 4
科技支撑能力指数	0.003 2	0.017 2
资源环境条件指数	0.008 5	0.016 0
购买力水平指数	0.012 9	0.003 1

拟合结果表明，我国小麦产业安全指数值波动率服从均值为 0.010 2，标准差为 0.018 6 的正态分布；供给保障水平指数值波动率服从均值为 0.006 2，标准差为 0.015 1 的正态分布；市场运行形势指数值波动率服从均值为 −0.005 3，标准差为 0.043 4 的正态分布；科技支撑能力指数值波动率服从均值为 0.003 2，标准差为

0.017 2 的正态分布；资源环境条件指数值波动率服从均值为 0.008 5，标准差为 0.016 0 的正态分布；购买力水平指数值波动率服从均值为 0.012 9，标准差为 0.003 1 的正态分布。

（二）2023 年小麦产业安全态势预判

1. 预计小麦产业安全指数继续处于安全区间

我国继续提高小麦最低收购价，发挥政策兜底作用，同时逐步扩大小麦完全成本保险和种植收入保险实施范围。并且，伴随着优质粮食工程的深入实施和省级党委、政府粮食安全责任制考核的进一步夯实，预计将助推小麦产业安全指数继续运行在安全区间。基于蒙特卡罗仿真模拟的结果显示：2023 年我国小麦产业安全指数预测值低于 94.21 的概率仅为 5%，代表平均值 50% 的百分位线为 97.05，较 2022 年（96.02）稳中有升（表 3-2）。

表 3-2 基于蒙特卡罗仿真模拟的小麦产业安全指数预测值

百分位	2023 年预测值
0.05	94.21
0.10	94.76
0.15	95.23
0.20	95.63
0.25	95.92
0.30	96.23
0.35	96.41
0.40	96.63
0.45	96.85
0.50	97.05
0.55	97.36
0.60	97.67
0.65	97.90
0.70	98.17
0.75	98.46
0.80	98.77
0.85	99.07
0.90	99.47
0.95	100.16

2. 预计小麦供给保障水平指数处于安全区间

虽然主产省河南麦收季遭遇近 10 年最严重"烂场雨"，导致 2023 年全国小麦总产量略有减少，但小麦饲用消费量显著下降将抵消此影响，我国小麦市场供需保持基本稳定。基于蒙特卡罗仿真模拟的结果显示：2023 年我国小麦供给保障水平指数预测值低于 95.31 的概率仅为 5%，代表平均值 50% 的百分位线为 97.65，较 2022 年（97.00）有所回升（表 3－3）。

表 3－3　基于蒙特卡罗仿真模拟的小麦供给保障水平指数预测值

百分位	2023 年预测值
0.05	95.31
0.10	95.77
0.15	96.16
0.20	96.48
0.25	96.72
0.30	96.97
0.35	97.12
0.40	97.30
0.45	97.48
0.50	97.65
0.55	97.90
0.60	98.15
0.65	98.34
0.70	98.56
0.75	98.80
0.80	99.05
0.85	99.30
0.90	99.63
0.95	100.20

3. 预计小麦市场运行形势指数处于基本安全区间

2023 年国际地缘政治对国内小麦市场的传导效应不容忽视，加之优质小麦市场价格的坚挺将推动小麦市场价格波动上行。预计 2023 年小麦市场运行形势指数仍处于基本安全区间。基于蒙特卡罗仿真模拟的结果显示：2023 年我国小麦市场运行形势指数预测值高于 90.29 的概率仅为 5%，低于 78.09 的概率也达到 5%，特别是代表平均值 50% 的百分位线为 83.92，较 2022 年（84.26）有所下滑（表 3－4）。

表 3 - 4　基于蒙特卡罗仿真模拟的小麦市场运行形势指数预测值

百分位	2023 年预测值
0.05	78.09
0.10	79.23
0.15	80.19
0.20	81.00
0.25	81.61
0.30	82.23
0.35	82.60
0.40	83.05
0.45	83.51
0.50	83.92
0.55	84.56
0.60	85.18
0.65	85.66
0.70	86.21
0.75	86.80
0.80	87.43
0.85	88.06
0.90	88.86
0.95	90.29

4. 预计小麦科技支撑能力指数处于基本安全区间

考虑到小麦生产能力阶段性"天花板"已经显现，短期内难以有重大突破；加之受《中华人民共和国种子法》的第四次修订"同频共振"的影响，我国小麦品种审定通过数量也难以大幅增长，2023 年我国小麦科技支撑能力指数仍处于基本安全区间。基于蒙特卡罗仿真模拟的结果显示：2023 年我国小麦市场运行形势指数代表平均值 50％的百分位线预测值为 89.57，较 2022 年（89.24）持平略增（表 3 - 5）。

表 3 - 5　基于蒙特卡罗仿真模拟的小麦科技支撑能力指数预测值

百分位	2023 年预测值
0.05	87.13
0.10	87.60
0.15	88.01
0.20	88.34

（续）

百分位	2023 年预测值
0.25	88.60
0.30	88.86
0.35	89.02
0.40	89.20
0.45	89.40
0.50	89.57
0.55	89.83
0.60	90.10
0.65	90.30
0.70	90.53
0.75	90.77
0.80	91.04
0.85	91.30
0.90	91.64
0.95	92.24

5. 预计小麦资源环境条件指数处于安全区间

考虑到2023年全国小麦面积增加已成定局，伴随着"一控两减"目标的实现、高标准农田建设的推进，生产每吨小麦排放二氧化碳当量仍有下降的空间。预计2023年小麦资源环境条件指数将突破至安全区间。基于蒙特卡罗仿真模拟的结果显示：2023年我国小麦市场运行形势指数代表平均值50%的百分位线预测值为90.32，较2022年（89.52）有所回升（表3-6）。

表3-6 基于蒙特卡罗仿真模拟的小麦资源环境条件指数预测值

百分位	2023 年预测值
0.05	88.03
0.10	88.48
0.15	88.86
0.20	89.17
0.25	89.41
0.30	89.66
0.35	89.80
0.40	89.98
0.45	90.16

（续）

百分位	2023 年预测值
0.50	90.32
0.55	90.57
0.60	90.81
0.65	91.00
0.70	91.22
0.75	91.45
0.80	91.70
0.85	91.94
0.90	92.26
0.95	92.82

第四章 玉米产业安全评估

2022年我国玉米产业安全指数冲高回落，但仍保持在过去十年高位水平。预计2023年，我国玉米产业安全指数将保持基本稳定，继续处于安全区间。

一、2022年玉米产业安全态势判断

2022年我国玉米产业安全指数值小幅下滑为95.26，较2021年下降0.14，降幅为0.15%，处于过去十年的第二高位。

从分项指数看，基础保障水平、市场运行形势、科技支撑能力和购买力水平[①]指数均处于安全区间，资源环境条件指数处于基本安全区间。其中，基础保障水平、科技支撑能力和资源环境条件指数值分别为92.45、90.04和89.51，较2021年上涨0.70%、0.03%和0.07%；而市场运行形势指数值则较2021年下降2.84，回落至92.75，降幅高达2.97%（图4-1）。

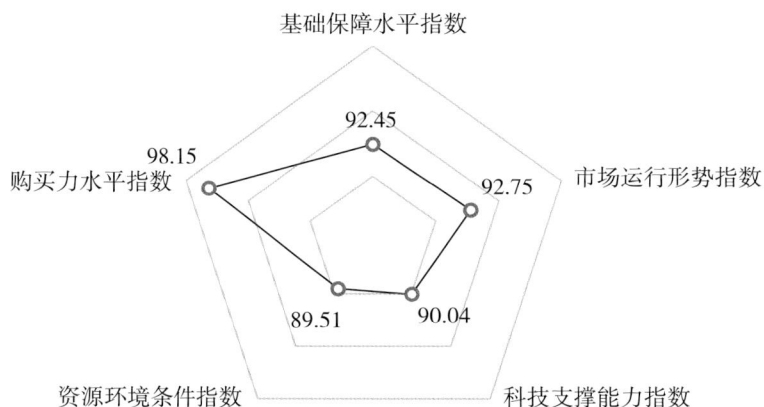

图4-1 2021年我国玉米产业安全指数

资料来源：中国农业科学院农业信息研究所农业产业安全研究团队。

---

① 玉米购买力水平指数值等同于粮食（详情见第1章）。

一是基础保障水平稳步提升。2022 年我国玉米总产量增至 27 720.30 万吨，较 2021 年增加 465.3 万吨，增幅 1.71％，推动玉米自给率和人均占有量分别达到 97.67％和 196.35 千克，处于过去十年的中等偏上及最高水平。由于 2022 年我国玉米淀粉利润在三季度跌至 5 年新低，受深度亏损影响，淀粉行业开工率也降至 3 年同期最低水平，导致玉米加工消费乏力，加之玉米饲用消费恢复缓慢，使得玉米消费增长有限，从而推动玉米库存消费比连续两年上升，达到 52.14％，较 2021 年上升了 0.33 个百分点，但仍处于过去十年中等偏低水平（图 4-2）。

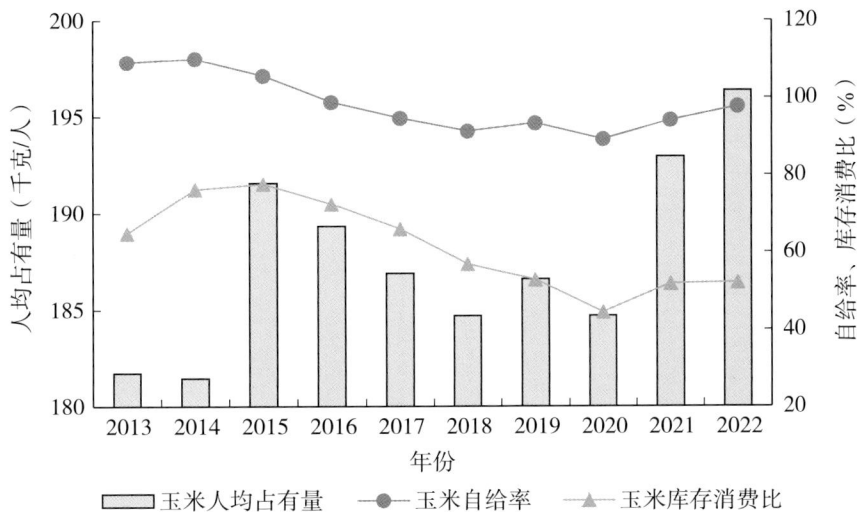

图 4-2　2013—2022 我国玉米人均占有量、自给率和库存消费比
资料来源：中国农业科学院农业信息研究所农业产业安全研究团队。

二是市场运行形势风险显现。2022 年我国玉米财政保费补贴比例继续调整优化，同时玉米完全成本保险和种植收入保险持续扩围，确保我国玉米保险深度连续三年稳定在 0.74％，处于过去十年的中等偏高水平。尽管 2022 年我国玉米总产量在高基数上实现增长，国内玉米市场供给整体充裕，但由于世界玉米价格创历史新高，传导提振国内玉米价格重心抬高，不仅全年市场平均价格要高于 2021 年，而且推动玉米月度间市场价格波动风险均值放大至 0.53％，较 2021 年上升了 0.49 个百分点，但仍为过去十年风险中等较低的时期。值得关注的是，2022 年我国玉米亩均现金收益增速大幅下降至"零点"，较 2021 年大幅下滑 13.60 个百分点，处于过去十年较低位置（图 4-3）。

三是科技支撑能力持平略升。由于国家新版玉米品种审定标准提高，2022 年我国玉米通过审定的新品种数量明显减少，增速由正转负，降为－0.36％，较 2021 年下降了 8.00 个百分点，处于过去十年中等偏下位置。伴随着栽培技术的不断提升，2022 年我国玉米单产达到 6 436 千克/公顷，较 2021 年增加了 145 千克/公顷，增速上

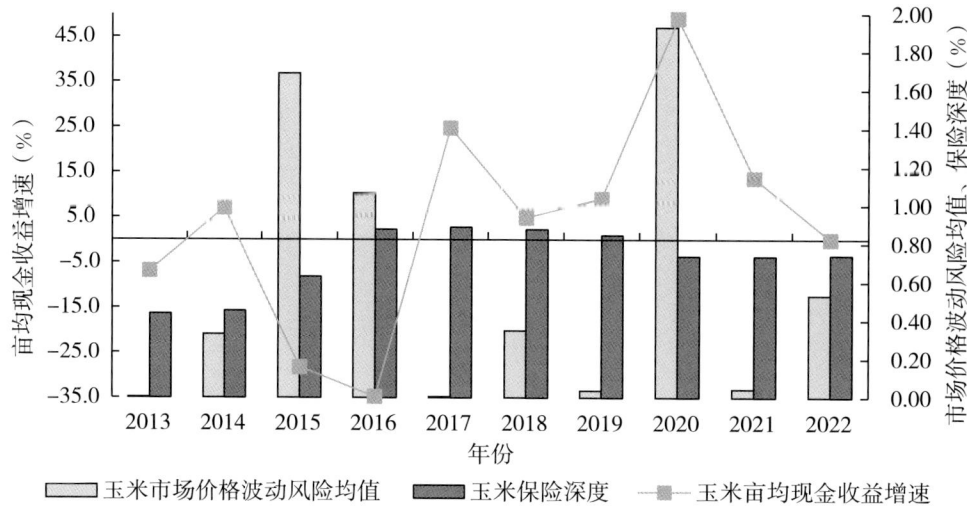

图 4-3　2013—2022 年我国玉米市场价格波动风险均值、保险深度和玉米亩均现金收益增速

资料来源：中国农业科学院农业信息研究所农业产业安全研究团队。

升至 2.31%，较 2021 年增长 2.71 个百分点，处于过去十年相对较高水平。特别是，2022 年我国部分省份率先将中央农机购买补贴资金用于玉米收获机补贴，使得玉米耕种收综合机械化率稳定在 92.14%，同时玉米全要素生产率也达到 2.13（2011 年设定为基期，值为 1.00），较 2021 年上升了 0.07，均为过去十年的最高点（图 4-4）。

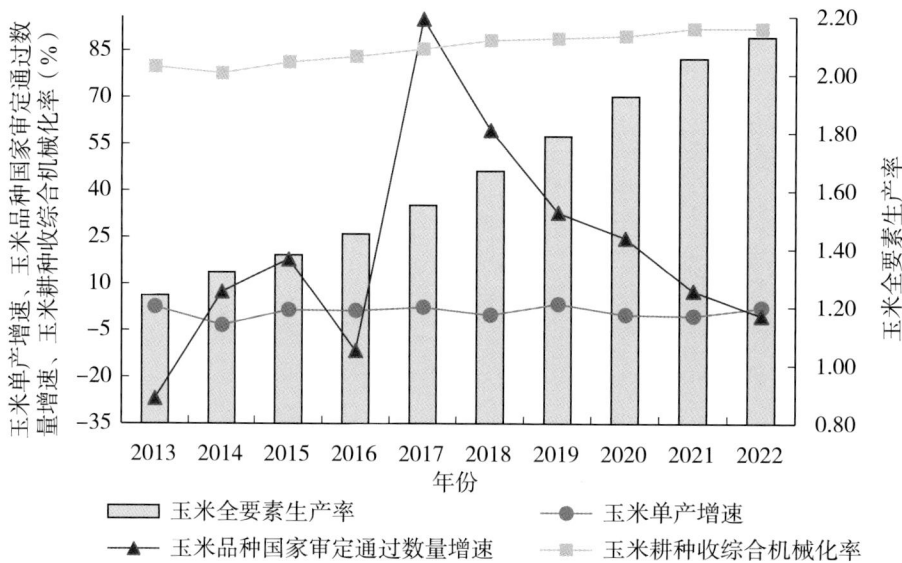

图 4-4　2013—2022 年我国玉米单产增速、品种国家审定通过
数量增速、耕种收综合机械化率和全要素生产率

资料来源：中国农业科学院农业信息研究所农业产业安全研究团队。

四是资源环境条件持续向好。 2022 年我国大力实施大豆、油料产能提升工程，在一定程度上使得玉米种植面积有所下调，降为 4 307 万公顷，较 2021 年减少约

260 千公顷，降幅为 0.62%，仍处于过去十年中等偏上位置。尽管 2022 年我国河南南部旱灾，山东、河北局部地区遭遇连续降雨，但对玉米主产区影响总体不大，甚至大部玉米产区气象条件总体要好于 2021 年，全年玉米因灾损失面积较 2021 年减少 8 520 公顷，进一步降低至 1 118.87 千公顷，为过去十年受灾损失最少的年份。同时，伴随着我国玉米生产技术不断创新，玉米品种品质不断提升，2022 年我国生产每吨玉米排放的二氧化碳当量下降至 280.15 千克，比 2021 年减少 2.05 千克，达到过去十年最低水平（图 4-5）。

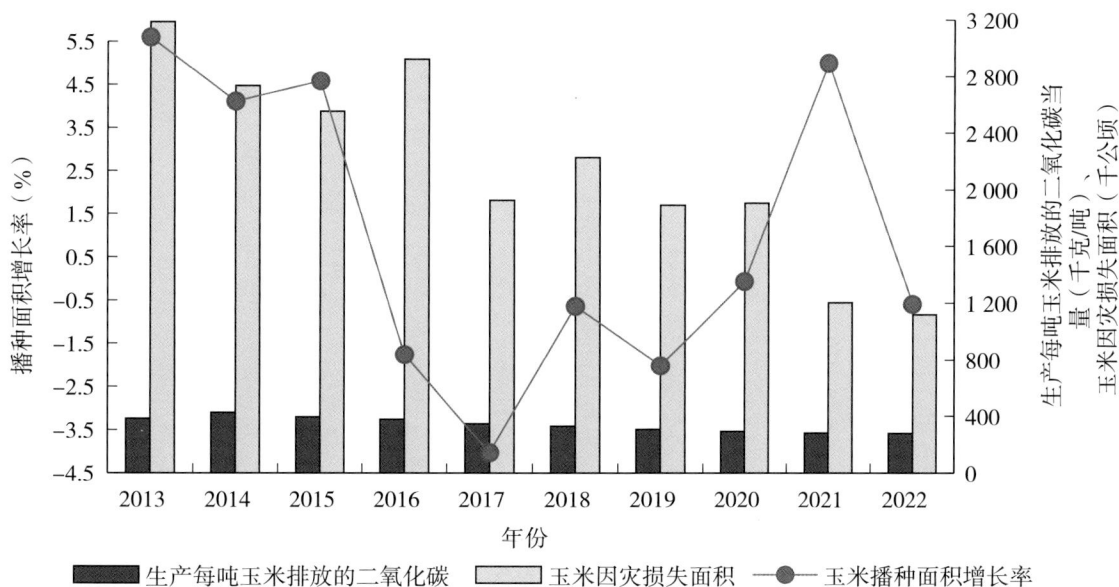

图 4-5　2013—2022 年我国玉米单产二氧化碳排放当量、因灾损失面积和播种面积增长
资料来源：中国农业科学院农业信息研究所农业产业安全研究团队。

二、过去 10 年玉米产业安全趋势演变

本周期（2013—2022 年）我国玉米产业安全指数在安全区间呈现"波浪曲线"震荡上行走势。指数运行波峰为 2021 年（95.40），波谷出现在 2016 年（90.36），波峰波谷之间的落差值为 5.04。

本周期（2013—2022 年）玉米产业安全指数平均值为 92.61，较上周期（2012—2021 年）提升了 0.48，增幅为 0.52%，表明本周期我国玉米产业安全程度略高于上周期。同时从玉米产业安全指数拟合的趋势线看，本周期拟合趋势线斜率为 0.52，较上周期（0.46）增加了 0.06，表明本周期玉米产业安全指数波动幅度较上周期增大，且上行趋势更为明显（图 4-6）。

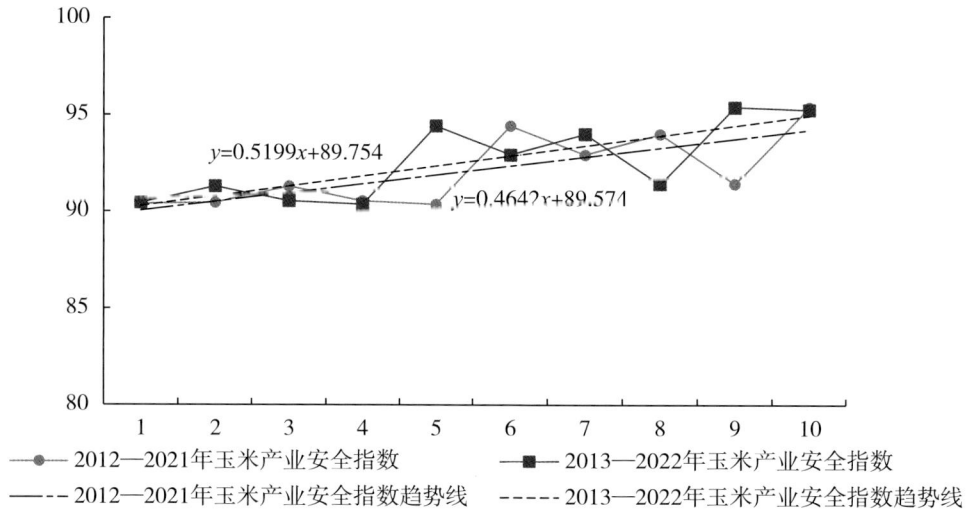

$y=0.5199x+89.754$

$y=0.4642x+89.574$

──●── 2012—2021年玉米产业安全指数 ──■── 2013—2022年玉米产业安全指数
── ── 2012—2021年玉米产业安全指数趋势线 ──── 2013—2022年玉米产业安全指数趋势线

图4-6 2012—2021年与2013—2022年我国玉米产业安全指数
资料来源：中国农业科学院农业信息研究所农业产业安全研究团队。

（一）玉米基础保障水平趋势演变

本周期（2013—2022年）我国玉米基础保障水平指数总体运行在基本安全和安全两个区间，呈现"升—降—升"波动走势。其中，指数在2020年（89.85）处于基本安全区间，其余年份指数均运行在安全区间。

本周期（2013—2022年）玉米基础保障水平指数均值为93.56，较上周期（2012—2021年）持平略降0.19，显示本周期玉米基础保障水平略低于上周期。同时从玉米基础保障水平指数拟合趋势线看，本周期趋势线斜率绝对值0.67，高于上周期斜率绝对值（0.63），表明本周期玉米基础保障水平指数较上周期波动幅度增大，且下行趋势更为明显（图4-7）。

（二）玉米市场运行形势趋势演变

本周期（2013—2022年）我国玉米市场运行形势指数总体跨越基本安全和安全两个区间，呈现"锯齿形"的反复震荡走势，且震荡幅度较大。其中，指数在2015年（85.40）、2016年（89.20）和2020年（88.18）处于基本安全区间，其余年份指数均运行在安全区间。

本周期（2013—2022年）玉米市场运行形势指数均值较上周期（2012—2021年）下降为92.41，降幅为0.04，表明本周期玉米市场运行形势不如上周期。同时从玉米市场运行形势指数拟合趋势线看，本周期斜率值0.30高于上周期（0.24），表明

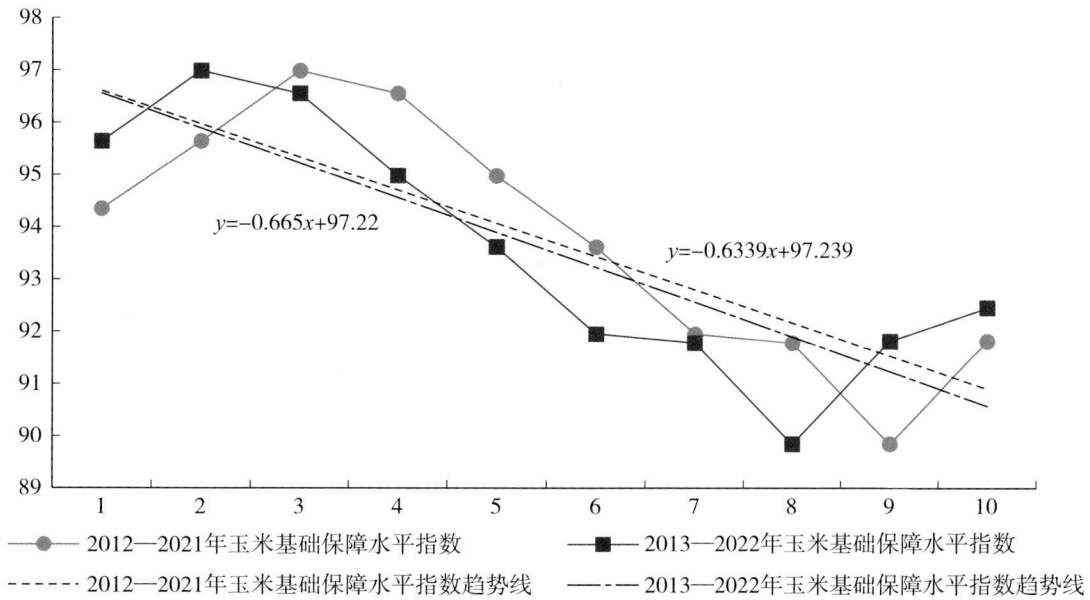

$y=-0.665x+97.22$

$y=-0.6339x+97.239$

图 4-7 2012—2021 年与 2013—2022 年我国玉米基础保障水平指数

资料来源：中国农业科学院农业信息研究所农业产业安全研究团队。

本周期玉米市场运行形势指数较上周期波动幅度有所放大，且上行趋势更为明显（图 4-8）。

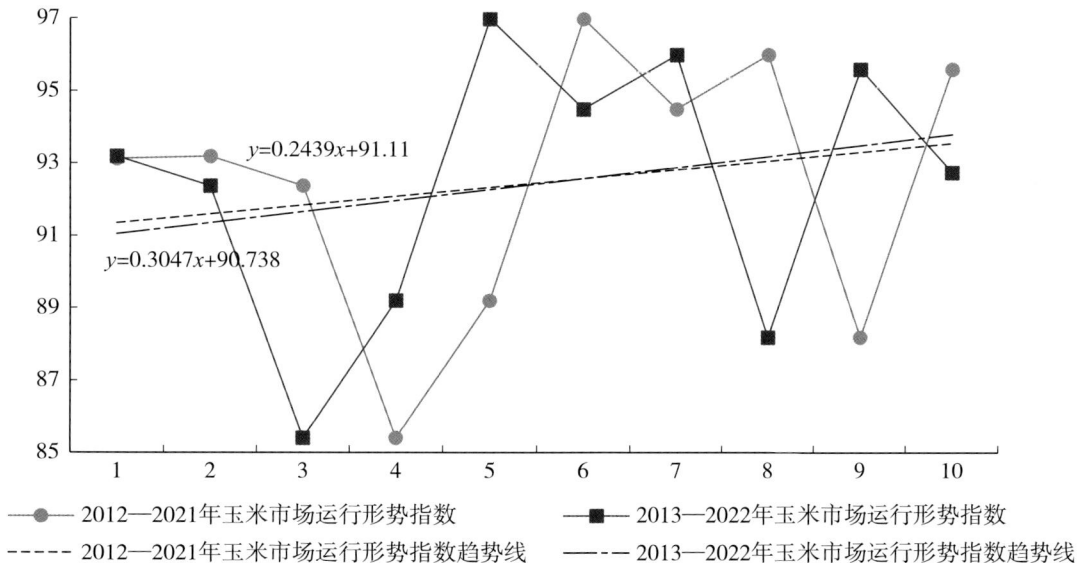

$y=0.2439x+91.11$

$y=0.3047x+90.738$

图 4-8 2012—2021 年与 2013—2022 年我国玉米市场运行形势指数

资料来源：中国农业科学院农业信息研究所农业产业安全研究团队。

（三）玉米科技支撑能力趋势演变

本周期（2013—2022 年）我国玉米科技支撑能力指数同样跨越基本安全与安全

两个区间，呈现"M"形震荡走势。其中，指数在2013—2016年处于基本安全区间，2017—2022年指数则运行在安全区间。

本周期（2013—2022年）和上一周期（2012—2021年）玉米科技支撑能力指数均值都位于基本安全区间，但本周期指数平均值（89.25）较上周期提高0.30，表明本周期玉米科技支撑能力较上周期略有提升。同时从玉米科技支撑能力指数拟合的趋势线看，本周期趋势线斜率0.38，小于上周期（0.44），表明本周期玉米科技支撑能力指数波动幅度较上周期有所缩小，但上行趋势也有所放缓（图4-9）。

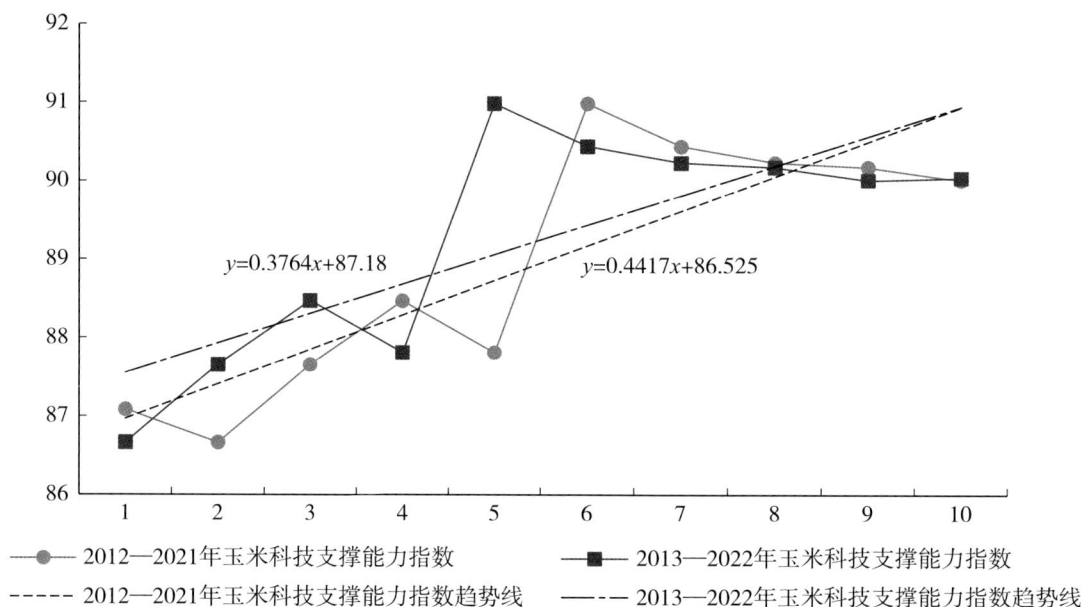

$y=0.3764x+87.18$

$y=0.4417x+86.525$

图4-9 2011—2020年与2012—2021年我国玉米科技支撑能力指数

资料来源：中国农业科学院农业信息研究所农业产业安全研究团队。

（四）玉米资源环境条件趋势演变

本周期（2013—2022年）我国玉米资源环境条件指数在基本安全区间呈现小幅波动上升走势。其中我国玉米资源环境条件指数高位为2022年（89.51），低位为2014年（82.02），波峰波谷之间的落差值为7.49。

本周期（2013—2022年）指数平均值较上周期（2012—2021年）提高0.56，达到85.56，表明本周期玉米资源环境条件较上周期改善较为明显。同时从玉米资源环境条件指数拟合的趋势线看，本周期趋势线斜率为0.90，明显高于上周期（0.73），表明本周期玉米资源环境条件指数较上周期波动幅度增大，且上行趋势更加显著（图4-10）。

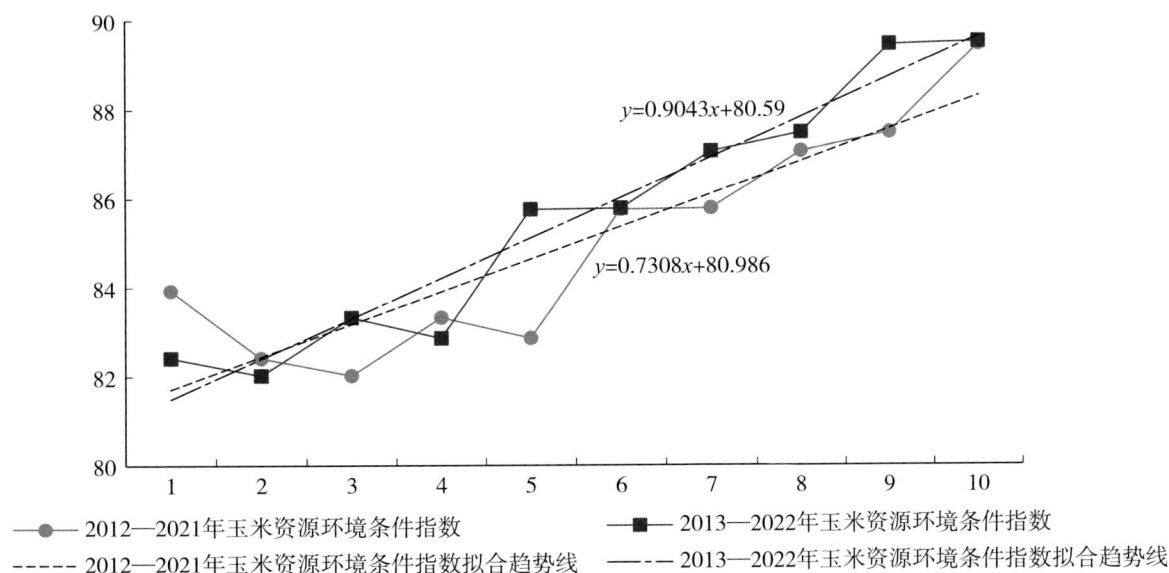

图 4 - 10　2012—2021 年与 2013—2022 年我国玉米资源环境条件指数

资料来源：中国农业科学院农业信息研究所农业产业安全研究团队。

三、2023 年玉米产业安全态势预判

（一）玉米产业安全程度波动风险度量

本报告根据我国 2012—2022 年玉米产业安全指数以及基础保障水平指数等 5 个分项指数年度间波动率时间序列，拟合出基于正态分布的概率密度函数（表 4 - 1）。

表 4 - 1　玉米产业安全指数波动率正态分布的均值和标准差

指数名称	均值	标准差
玉米产业安全指数	0.005 5	0.023 4
基础保障水平指数	−0.001 9	0.015 4
市场运行形势指数	0.001 1	0.058 5
科技支撑能力指数	0.003 4	0.013 0
资源环境条件指数	0.006 6	0.015 5

拟合结果表明，我国玉米产业安全指数值波动率服从均值为 0.005 5，标准差为 0.023 4 的正态分布；基础保障水平指数值波动率服从均值为 −0.001 9，标准差为 0.015 4 的正态分布；市场运行形势指数值波动率服从均值 0.001 1，标准差为 0.058 5 的正态分布；科技支撑能力指数值波动率服从均值 0.003 4，标准差为 0.013 0 的正态分布；资源环境条件指数值波动率服从均值为 0.006 6，标准差为

0.015 5 的正态分布。

（二）2023 年玉米产业安全态势预判

1. 预计玉米产业安全指数继续处于安全区间

2023 年我国玉米供需缺口有望缩小，同时国际玉米市场价格显现企稳迹象，加之科技支撑作用，预计 2023 年我国玉米产业安全指数仍将继续运行在安全区间。基于蒙特卡罗仿真模拟的结果显示：2023 年我国玉米产业安全指数预测值低于 92.30 的概率仅为 5%，代表平均值 50% 的百分位线为 95.85，较 2022 年（95.26）有所提升（表 4－2）。

表 4－2　基于蒙特卡罗仿真模拟的玉米产业安全指数预测值

百分位	2023 年预测值
0.05	92.30
0.10	93.00
0.15	93.58
0.20	94.07
0.25	94.45
0.30	94.82
0.35	95.05
0.40	95.32
0.45	95.61
0.50	95.85
0.55	96.24
0.60	96.62
0.65	96.91
0.70	97.25
0.75	97.61
0.80	97.99
0.85	98.37
0.90	98.87
0.95	99.74

2. 预计玉米基础保障水平指数处于安全区间

考虑到 2023 年我国玉米种植面积难以增长，玉米总产量将稳中略降，从而拉低玉米自给率和人均占有量。因此，预计 2023 年我国玉米基础保障水平指数将有所回落，但滑落至基本安全区间的可能性较小。基于蒙特卡罗仿真模拟的结果显示：2023年我国玉米基础保障水平指数预测值代表平均值 50％ 的百分位线为 92.32，较 2022年（92.45）稳中略降，但指数预测值低于 90.05 的概率仅为 5％（表 4－3）。

表 4－3　基于蒙特卡罗仿真模拟的玉米基础保障水平指数预测值

百分位	2023 年预测值
0.05	90.05
0.10	90.49
0.15	90.87
0.20	91.18
0.25	91.42
0.30	91.66
0.35	91.80
0.40	91.98
0.45	92.16
0.50	92.32
0.55	92.56
0.60	92.81
0.65	92.99
0.70	93.21
0.75	93.44
0.80	93.68
0.85	93.92
0.90	94.24
0.95	94.79

3. 预计玉米市场运行形势指数处于安全区间

受国内外宏观经济环境、大宗商品价格周期、国际国内玉米供需基本面等诸多因素综合影响，预计 2023 年我国玉米价格将呈现高位回落趋势，从而有效降低玉米月间市场价格波动风险均值。预计 2023 年我国玉米市场运行形势指数将止跌回升，继续运行在安全区间的概率较大。基于蒙特卡罗仿真模拟的结果显示：2023 年我国玉米市场运行形势指数预测值代表平均值 50％ 的百分位线为 93.01，较 2022 年（92.75）稳中有升（表 4－4）。

表4－4　基于蒙特卡罗仿真模拟的玉米市场运行形势指数预测值

百分位	2023年预测值
0.05	84.36
0.10	86.05
0.15	87.48
0.20	88.68
0.25	89.58
0.30	90.50
0.35	91.06
0.40	91.72
0.45	92.40
0.50	93.01
0.55	93.95
0.60	94.88
0.65	95.59
0.70	96.40
0.75	97.28
0.80	98.22
0.85	99.15
0.90	100.34
0.95	102.47

4. 预计玉米科技支撑能力指数处于安全区间

伴随着分子标记辅助选择技术等先进技术在玉米育种工作中不断深入推广应用，将筛选出更多高产优质玉米品种，预计2023年我国玉米品种审定通过数量增速将止跌回升；同时玉米单产水平和耕种收综合机械化率仍有提升空间，从而推动我国玉米科技支撑能力指数延续2022年的上行趋势，继续运行在安全区间。基于蒙特卡罗仿真模拟的结果显示：2023年我国玉米科技支撑能力指数预测值代表平均值50％的百分位线为90.38，较2022年（90.04）稳中有升（表4－5）。

表4－5　基于蒙特卡罗仿真模拟的玉米科技支撑能力指数预测值

百分位	2023年预测值
0.05	88.51
0.10	88.88
0.15	89.19

（续）

百分位	2023 年预测值
0.20	89.45
0.25	89.64
0.30	89.84
0.35	89.96
0.40	90.10
0.45	90.25
0.50	90.38
0.55	90.59
0.60	90.79
0.65	90.94
0.70	91.12
0.75	91.31
0.80	91.51
0.85	91.71
0.90	91.97
0.95	92.43

5. 预计玉米资源环境条件指数处于基本安全区间

伴随着高产优质玉米品种的快速发展，2023 年生产每吨玉米排放的二氧化碳当量或将进一步减少，再创新低的可能性较大。但我国玉米种植面积增速大概率将继续下滑；同时，考虑到 2023 年我国气象总体条件对于玉米生产不利，尤其是黑龙江、吉林等主产区受强降雨影响严重，玉米因灾损失面积预计会显著增加。综合研判，2023 年我国玉米资源环境条件指数仍将继续运行在基本安全区间。基于蒙特卡罗仿真模拟的结果显示：虽然代表 2023 年我国玉米资源环境条件指数预测平均值 50％ 的百分位线为 90.14，较 2022 年（89.51）有所提高，但指数预测值低于 89.98 的概率达到 45％（表 4-6）。

表 4-6　基于蒙特卡罗仿真模拟的玉米资源环境条件指数预测值

百分位	2023 年预测值
0.05	87.92
0.10	88.35
0.15	88.72
0.20	89.03

（续）

百分位	2023年预测值
0.25	89.26
0.30	89 49
0.35	89.64
0.40	89.81
0.45	89.98
0.50	90.14
0.55	90.38
0.60	90.62
0.65	90.80
0.70	91.01
0.75	91.23
0.80	91.47
0.85	91.71
0.90	92.02
0.95	92.56

第五章　大豆产业安全评估

2022 年，我国大豆产业安全指数大幅上涨，首次运行至基本安全区间，达到历史最高点。预计 2023 年，我国大豆产业安全指数将延续上行态势，继续保持在基本安全区间。

一、2022 年大豆产业安全态势判断

2022 年我国大豆产业安全指数为 80.49，较 2021 年提高 3.54，增幅为 4.60%，并且分值首次跃上基本安全区间。

从分项指数看，2022 年，除基础保障水平指数仍处于不安全区间，市场运行形势、科技支撑能力、资源环境条件和购买力水平[①]的指数均处于安全区间。其中，基础保障水平、科技支撑能力和资源环境条件指数值分别为 62.59、91.25 和 90.19，较 2021 年增加 5.00、0.07 和 1.39，增幅达到 8.68%、0.08% 和 1.57%；市场运行形势指数值下降至 93.69，较 2021 年下滑 0.23，降幅为 0.24%（图 5 - 1）。

一是基础保障水平显著提升。受"扩大豆"政策的驱动，东北地区积极扩种大豆，黄淮海、西北以及西南地区同时推广大豆玉米带状复合种植，2022 年我国大豆播种面积迅速扩大至 1 026.67 万公顷，比 2021 年激增 182.83 万公顷（增幅 21.7%），为 1958 年以来的最高水平；加之大豆产区大部分气象条件总体利于大豆生长发育和产量形成，大豆单产上升至 132 千克/亩，每亩产量比 2021 年增加 2.1 千克，增长 1.6%。得益于大豆种植面积和单产的"双增"，2022 年我国大豆总产量也首次迈上 2 000 万吨的台阶，达到 2 029 万吨，推动大豆自给率、库存消费比和人均占有量分别提高至 18.56%、21.05% 和 14.37 千克，较 2021 年增加 3.00、6.71 个

---

① 大豆购买力水平指数值等同于粮食（详情见第 1 章）。

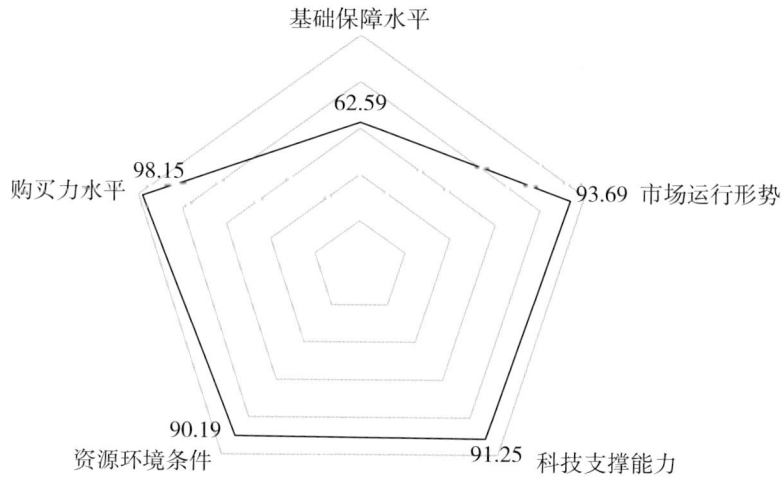

图 5-1 2022 年大豆产业安全分项指数
资料来源：中国农业科学院农业信息研究所农业产业安全研究团队。

百分点和 2.76 千克，均处于过去十年的最高水平（图 5-2）。

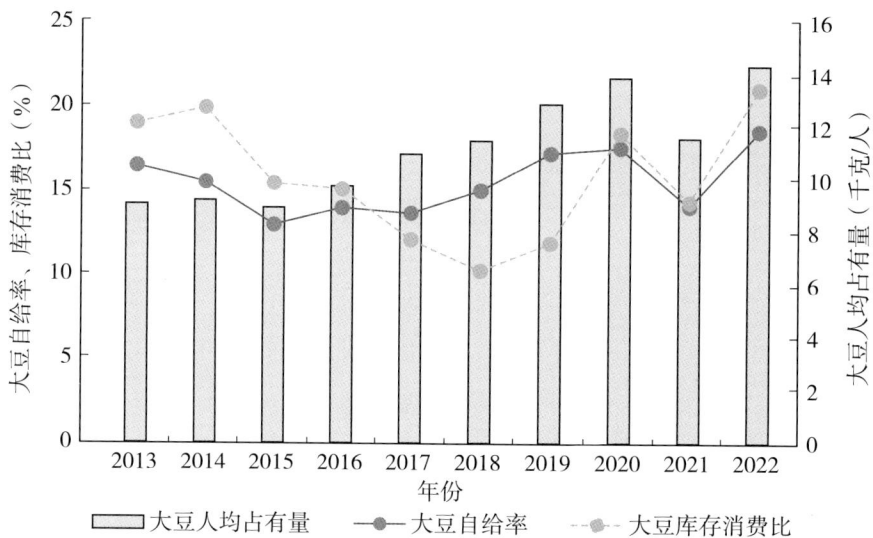

图 5-2 2013—2022 年我国大豆人均占有量、自给率和库存消费比
资料来源：中国农业科学院农业信息研究所农业产业安全研究团队。

二是市场运行形势基本稳定。 2022 年财政部、农业农村部、银保监会首次试点开展大豆完全成本保险和种植收入保险，进一步提高大豆保险保障水平，助推大豆保险深度增至 1.03%，较 2021 年提高 0.02 个百分点，处于过去十年中等水平。伴随着全球大豆产量下滑、供需偏紧格局的延续，2022 年我国大豆价格仍在高位运行，并且总体较 2021 年有所上涨，但得益于我国大豆生产一揽子政策"组合拳"的协同发力，大豆市场价格波动风险得到一定管控，大豆市场价格波动风险均值回落至

0.39％，较 2021 年减少 0.14 个百分点，成为过去十年大豆市场较为稳定时期。值得高度重视的是，由于大豆种植成本的抬高，2022 年我国大豆亩均现金收益增速明显下降，降至 10.00％，较 2021 年降低 37.69 个百分点，回落为过去十年的中等水平（图 5 - 3）。

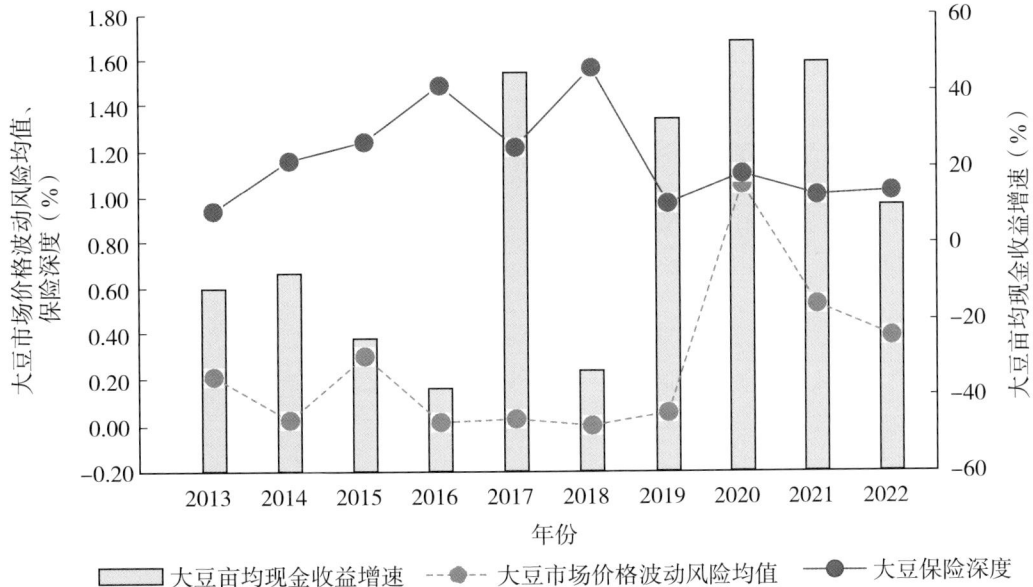

图 5 - 3　2013—2022 年我国大豆市场价格波动风险均值、亩均现金收益增速和保险深度
资料来源：中国农业科学院农业信息研究所农业产业安全研究团队。

三是科技支撑能力稳中有升。2022 年我国大豆扩种区域机械化基础好、水平高，支撑我国大豆机械化水平继续高位运行，大豆耕种收综合机械化率稳定在 86.70％；同时，大豆生产效率持续提升，2022 年我国大豆全要素生产率达到 2.83（2011 年设定为基期，值为 1.00），较 2021 年增加 0.04，处于过去十年的最好水平。得益于有利的气象条件以及种植管理水平等的提升，2022 年我国大豆单产增速由负转正，较 2021 年增加 3.29 个百分点，处于过去十年中等偏上水平。2022 年我国大豆育种效率和具体性状精确改良的"瓶颈"仍未得到根本性突破，同时受《中华人民共和国种子法》的第四次修订的影响，全年大豆品种审定（含国审与省审）通过数量为 387 个，仅较 2021 年增加 18 个，增速进一步回落为 4.88％，处于过去十年中等偏下位置（图 5 - 4）。

四是大豆资源环境条件明显改善。2022 年大豆生产获得政策面强力支持，推动大豆播种面积增长率触底强劲反弹，由过去十年最低值（－14.76％）跃至过去十年最高值（21.71％），增加 36.47 个百分点；与此同时，虽然 2022 年大豆净作扩种面

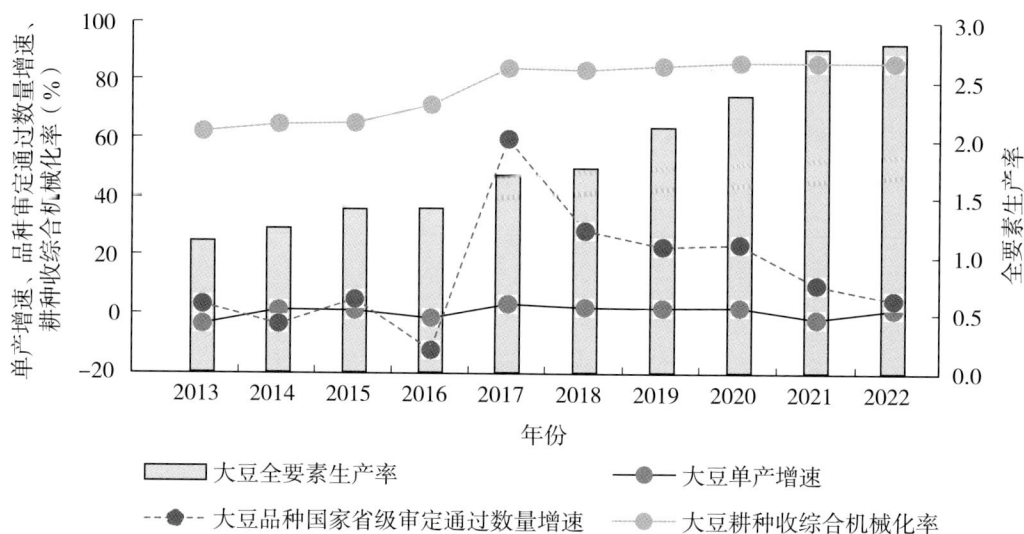

图 5-4　2013—2022 年我国大豆单产增速、品种审定通过
数量增速、耕种收综合机械化率和全要素生产率
资料来源：中国农业科学院农业信息研究所农业产业安全研究团队。

积超过 133.33 万公顷，但大豆产区总体气象条件较好，使得全年大豆种植因灾损失面积较 2021 年减少 1.51 万公顷，下降至 21.86 万公顷，成为过去十年灾害最轻的年份。由于玉米改种大豆区域和米豆轮作区在前茬施肥量基础上可大幅减少化肥施用量，从而推动生产每吨大豆排放的二氧化碳当量整体呈现下降趋势，2022 年生产每吨大豆排放的二氧化碳当量为 208.34 千克，较 2021 年下降 1.14 千克当量排放水平，为过去十年的最低排放水平（图 5-5）。

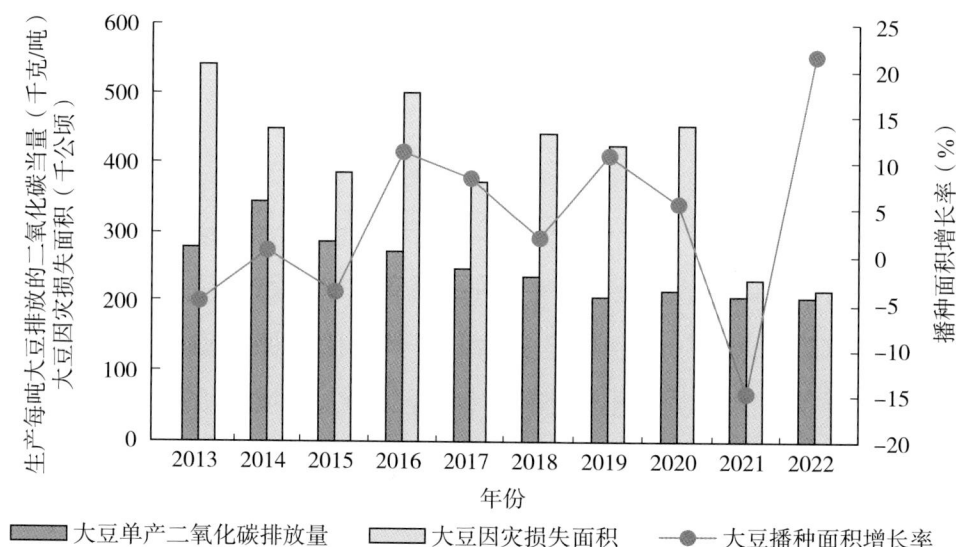

图 5-5　2013—2022 年我国大豆单产二氧化碳排放量、因灾损失面积和播种面积增长率
资料来源：中国农业科学院农业信息研究所农业产业安全研究团队。

二、过去 10 年大豆产业安全趋势演变

本周期（2013—2022 年）我国大豆产业安全指数运行在不安全和基本安全两个区间，安全程度呈现震荡上行走势，与上周期（2012—2021 年）走势大体一致走势。

本周期大豆产业安全指数平均值为 75.11，较上周期（74.20）提高 0.91，增幅 1.23%，表明本周期的产业安全程度高于上周期。从大豆产业安全指数拟合趋势线看，本周期拟合趋势线斜率为 0.82，高于上周期拟合的趋势线斜率（0.67），表明本周期大豆产业安全指数波动幅度较上周期增大，且上行趋势更为明显（图 5 - 6）。

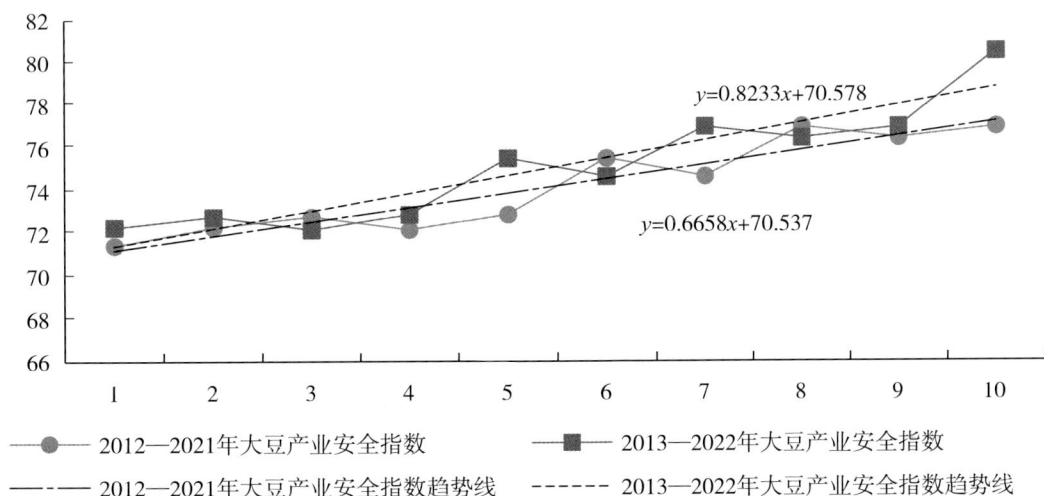

图 5 - 6 2012—2021 年与 2013—2022 年我国大豆产业安全指数

资料来源：中国农业科学院农业信息研究所农业产业安全研究团队。

（一）大豆基础保障水平

2013—2022 年我国大豆基础保障水平指数在不安全区间呈现"降—升—降—升"波动上行走势。受 2022 年大豆基础保障水平指数反弹影响，本周期（2013—2022 年）大豆基础保障水平有所提升，指数平均值较上周期（2012—2021 年）提高 0.10，升至 58.92。同时从大豆基础保障水平指数拟合的趋势线看，本周期拟合趋势线斜率为 0.13，而上周期斜率为负值（−0.26），且本周期斜率低于上周期斜率的绝对值，表明本周期大豆基础保障水平指数波动幅度较上周期趋于缩小，但上行趋势更加强劲（图 5 - 7）。

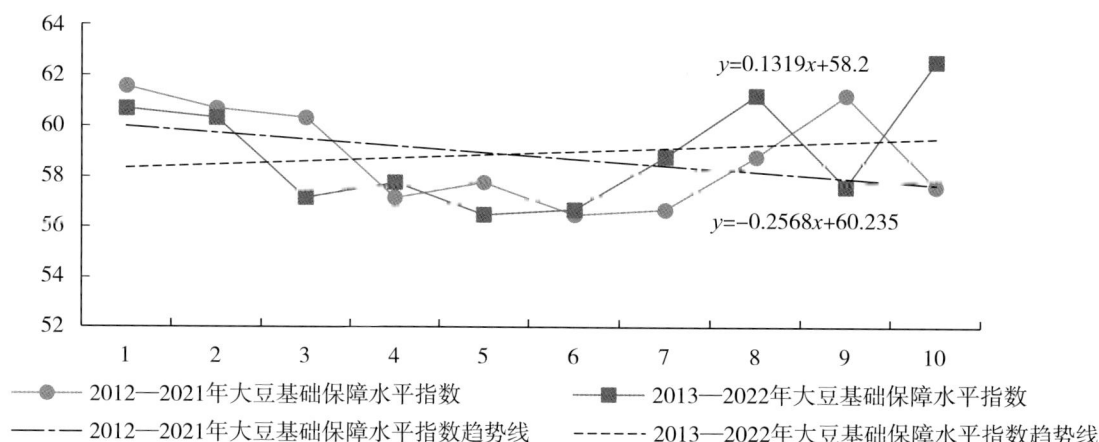

图 5-7 2012—2021 年与 2013—2022 年我国大豆基础保障水平指数
资料来源：中国农业科学院农业信息研究所农业产业安全研究团队。

（二）大豆市场运行形势

2013—2022 年我国大豆市场运行形势指数在安全区间呈现"锯齿形"震荡整理走势。本周期（2013—2022 年）大豆市场运行形势指数平均值为 95.16，较上周期（2012—2021 年）94.83 提高 0.33，增幅 0.35%，表明本周期市场运行形势要好于上一周期。同时从大豆市场运行形势指数拟合的趋势线看，本周期拟合趋势线斜率为 0.07，低于上周期的 0.13，显示本周期大豆市场运行形势指数波动幅度小于上周期，且上行劲头略显不足（图 5-8）。

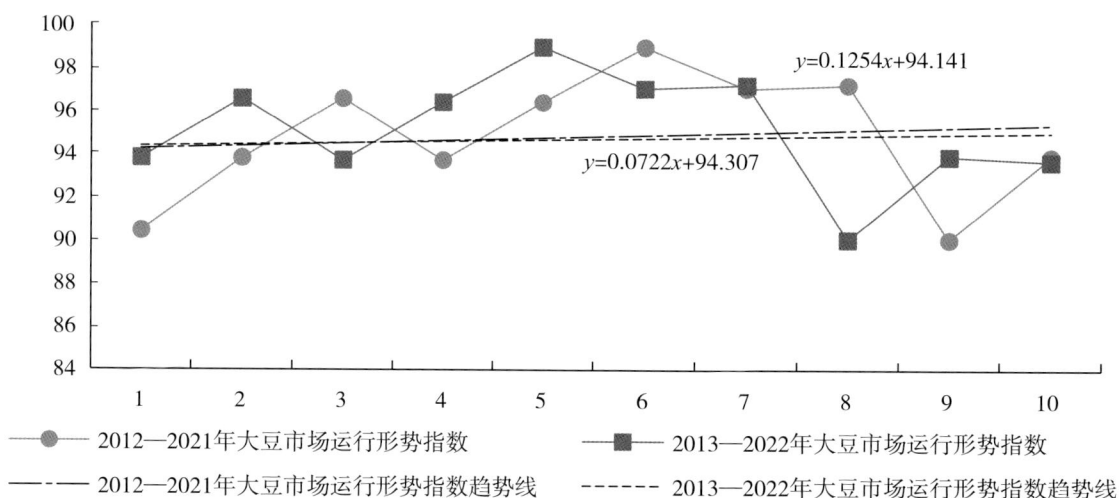

图 5-8 2012—2021 年与 2013—2022 年我国大豆市场运行形势指数
资料来源：中国农业科学院农业信息研究所农业产业安全研究团队。

（三）大豆科技支撑能力

2013—2022 年我国大豆科技支撑能力在 86~92 区间呈现小幅震荡上行走势，跨越安全和基本安全两个区间。本周期（2013—2022 年）大豆科技支撑能力有所改善，指数平均值较上周期（2012—2021 年）提高 0.56，达到 89.25。同时从大豆科技支撑能力指数拟合趋势线看，本周期拟合趋势线斜率为 0.75，高于上周期的 0.67，表明本周期大豆科技支撑能力指数波动幅度要大于上周期，且上行趋势更为显著（图 5-9）。

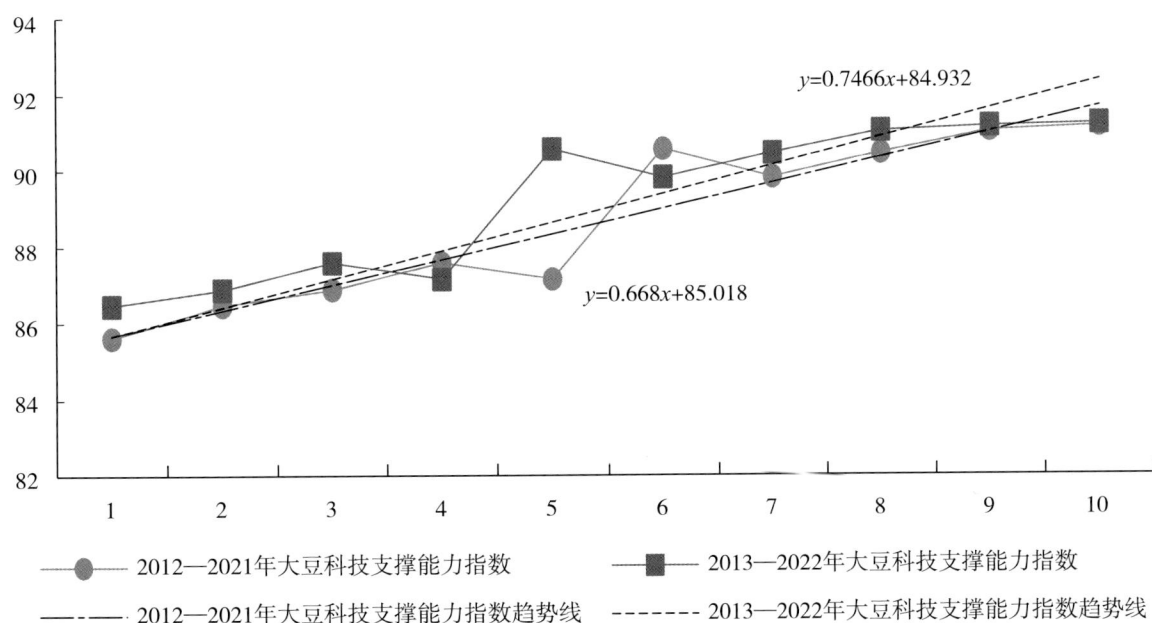

图 5-9　2012—2021 年与 2013—2022 年我国大豆科技支撑能力指数
资料来源：中国农业科学院农业信息研究所农业产业安全研究团队。

（四）大豆资源环境条件

2013—2022 年我国大豆资源环境条件指数在 83~91 区间呈现波动上行走势，跨越安全和基本安全两个区间。本周期（2013—2022）大豆资源环境条件有所改善，指数平均值较上周期（2012—2021 年）提高 0.7，达到 85.83。同时从大豆资源环境条件指数拟合的趋势线看，本周期拟合趋势线斜率为 0.78，高于上周期的 0.64，表明本周期的大豆资源环境条件指数波动幅度要大于上周期，且上行趋势更加显著（图 5-10）。

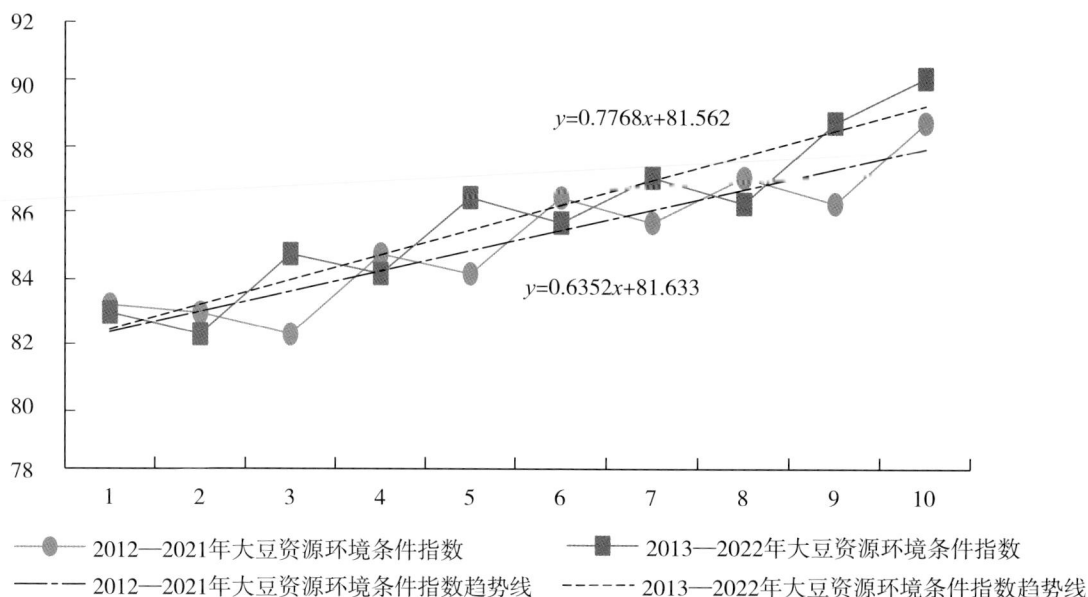

$y=0.7768x+81.562$

$y=0.6352x+81.633$

图 5 - 10　2012—2021 年与 2013—2022 年我国大豆资源环境条件指数

资料来源：中国农业科学院农业信息研究所农业产业安全研究团队。

三、2023 年大豆产业安全态势预判

（一）大豆产业安全程度波动风险度量

本报告根据我国 2012—2022 年大豆产业安全指数以及基础保障水平指数等 4 个分项指数年度间波动率时间序列，拟合出基于正态分布的概率密度函数（表 5-1）。

表 5 - 1　大豆产业安全指数波动率正态分布的均值和标准差

指数名称	均值	标准差
大豆产业安全	0.012 2	0.019 6
基础保障水平	0.002 5	0.044 4
市场运行形势	0.004 1	0.036 9
科技支撑能力	0.006 5	0.012 9
资源环境条件	0.008 3	0.017 3

注：大豆购买力水平指数波动率正态分布的均值和标准差与粮食一致。

拟合结果表明，我国大豆产业安全指数值波动率服从均值为 0.012 2，标准差为 0.019 6 的正态分布；基础保障水平指数值波动率服从均值为 0.002 5，标准差为 0.044 4 的正态分布；市场运行形势指数值波动率服从均值为 0.004 1，标准差为 0.036 9 的正态分布；科技支撑能力指数值波动率服从均值为 0.006 5，标准差为

0.012 9 的正态分布；资源环境条件指数值波动率服从均值为 0.008 3，标准差为 0.017 3 的正态分布。

（二）2023 年大豆产业安全态势预判

1. 预计大豆产业安全指数继续处于基本安全区间

2023 年，我国出台一揽子支持政策措施，从补贴、保险、收储等方面全面发力，稳定和扩大大豆生产，预计我国大豆产业安全指数将延续上行态势，继续运行在基本安全区间。基于蒙特卡罗仿真模拟的结果显示：2023 年我国大豆产业安全指数预测值低于 80.25 的概率仅为 20%，指数预测值高于 84.27 的概率仅为 5%，同时代表平均值 50% 的百分位线为 81.51，较 2022 年（80.49）稳中有升（表 5-2）。

表 5-2 基于蒙特卡罗风险模拟的大豆产业安全指数预测值

百分位	2023 年预测值
0.05	78.99
0.10	79.49
0.15	79.90
0.20	80.25
0.25	80.51
0.30	80.78
0.35	80.94
0.40	81.14
0.45	81.34
0.50	81.51
0.55	81.79
0.60	82.06
0.65	82.27
0.70	82.50
0.75	82.76
0.80	83.03
0.85	83.30
0.90	83.65
0.95	84.27

2. 预计基础保障水平指数仍处于不安全区间

2023 年，在诸多政策利好因素综合推动下，我国大豆产量预计将继续增加，持续提升大豆自给率和大豆人均占有量，为我国大豆基础保障水平继续上行提供有力支撑，但由于我国大豆产量水平基数过低，大豆基础保障水平指数仍将运行在不安全区间。基于蒙特卡罗仿真模拟的结果显示：2023 年我国大豆基础保障水平指数预测值高于 67.68 的概率仅为 5%，而代表平均值 50% 的百分位线为 62.83，较 2022 年（62.59）略有增加（表 5-3）。

表 5-3 基于蒙特卡罗风险模拟的基础保障水平指数预测值

百分位	2023 年预测值
0.05	58.40
0.10	59.26
0.15	60.00
0.20	60.61
0.25	61.07
0.30	61.54
0.35	61.83
0.40	62.17
0.45	62.52
0.50	62.83
0.55	63.31
0.60	63.79
0.65	64.15
0.70	64.57
0.75	65.02
0.80	65.50
0.85	65.98
0.90	66.59
0.95	67.68

3. 预计市场运行形势指数处于安全区间

2023 年，在国产大豆市场整体供应充裕的形势下，我国继续完善大豆生产者补贴，特别是大幅提高黑龙江等大豆主产区生产者补贴金额，以稳定大豆市场价格；同时，推进大豆完全成本保险和种植收入保险试点也将助推大豆保险深度稳中有升。综合研判，我国大豆市场运行形势指数大概率将保持基本稳定，继续运行在安全区间。基于蒙特卡罗仿真模拟的结果显示：2023 年我国大豆市场运行形势指数预测值低于 90.66 的概率仅为 15%，代表平均值 50% 的百分位线为 94.18，较 2022 年（93.69）稳中有增（表 5-4）。

表 5-4　基于蒙特卡罗风险模拟的市场运行形势指数预测值

百分位	2023 年预测值
0.05	88.68
0.10	89.75
0.15	90.66
0.20	91.42
0.25	92.00
0.30	92.59
0.35	92.94
0.40	93.36
0.45	93.80
0.50	94.18
0.55	94.78
0.60	95.37
0.65	95.83
0.70	96.34
0.75	96.90
0.80	97.50
0.85	98.09
0.90	98.85
0.95	100.20

4. 预计科技支撑能力指数处于安全区间

2023 年，我国启动实施大豆大面积单产提升行动，对 906 个大豆生产县形成"一县一策"的综合性提高单产解决方案，聚焦 100 个重点县整建制实施，集成推广高产高油品种和良法良机，预计我国大豆单产增速、大豆品种审定通过数量增速和大豆全要素生产率将稳步提升，诸多利好因素共同推动我国大豆科技支撑能力指数在安全区间稳步上行。基于蒙特卡罗仿真模拟的结果显示：2023 年我国大豆科技支撑能力指数预测值低于 89.99 的概率仅为 5％，代表平均值 50％的百分位线为 91.87，较 2022 年（91.25）有所提升（表 5－5）。

表 5－5　基于蒙特卡罗风险模拟的科技支撑能力指数预测值

百分位	2023 年预测值
0.05	89.99
0.10	90.36
0.15	90.67
0.20	90.93
0.25	91.13
0.30	91.33
0.35	91.45
0.40	91.59
0.45	91.74
0.50	91.87
0.55	92.08
0.60	92.28
0.65	92.43
0.70	92.61
0.75	92.80
0.80	93.00
0.85	93.20
0.90	93.46
0.95	93.92

5. 预计资源环境条件指数处于安全区间

2023 年，综合考虑前期气象条件和未来天气预测，大豆因灾损失面积可能会有所增加。不过得益于我国继续实施大豆油料产能提升工程，大豆播种面积将继续保持显著增长态势；而大豆轮作技术、大豆玉米带状复合种植技术均会提高土壤元素利用效率，有效减少化肥施用量，确保生产每吨大豆排放的二氧化碳当量持续降低，从而抵消自然灾害不利影响，共同支撑我国大豆资源环境条件指数运行在安全区间。基于蒙特卡罗仿真模拟的结果显示：2023 年我国大豆资源环境条件指数预测值代表平均值 50％的百分位线为 90.99，较 2022 年（90.19）有所增加（表 5－6）。

表 5－6　基于蒙特卡罗风险模拟的资源环境条件指数预测值

百分位	2023 年预测值
0.05	88.50
0.10	88.99
0.15	89.40
0.20	89.74
0.25	90.00
0.30	90.27
0.35	90.43
0.40	90.62
0.45	90.81
0.50	90.99
0.55	91.26
0.60	91.53
0.65	91.73
0.70	91.96
0.75	92.22
0.80	92.48
0.85	92.75
0.90	93.10
0.95	93.71

附录一　粮食安全评估指标体系与理论模型

本书粮食安全的内涵参考《中国粮食安全评估报告（2021）》的观点，基于联合国粮食及农业组织（FAO）"保证所有的人在任何时候既能买得到又能买得起所需要的足够食品"，围绕"以我为主、立足国内、确保产能、适度进口、科技支撑"的国家粮食安全战略，从5个维度对粮食安全的内涵进行系统化界定并赋予新的特征。一是粮食基础保障水平，确保提供足够数量的粮食；二是粮食市场运行形势，确保市场运行基本稳定；三是粮食科技创新能力，确保科技创新提升粮食综合生产能力；四是粮食资源环境条件，确保资源环境能够承载粮食绿色可持续发展；五是粮食购买力水平，确保城乡居民能够买得起所需的足够粮食。

一、粮食安全评估指标体系

本书遵循以下原则构建粮食安全评估指标体系：一是选择的指标应当能够全面、有效地衡量和评价当前粮食安全状况及粮食安全程度；二是选择的指标应当能够反映粮食安全宏观调控，以便对粮食不安全因素进行必要管控调整；三是选择的指标应当能够反映影响粮食安全的主要因素，以便科学合理地预测预警未来粮食安全态势。

本书构建的粮食安全评估指标体系由基础保障水平、市场运行形势、科技支撑能力、资源环境条件、购买力水平等5个二级指标及其相应的14个三级指标构成（附表1-1）。

附表1-1　粮食安全评估指标体系

一级指标	二级指标		三级指标	权重（%）	作用方向
粮食产业安全（Y）	基础保障水平（B1）	1	粮食自给率（C1）	20	正向
		2	粮食人均占有量（C2）	10	正向
		3	粮食库存消费比（C3）	10	正向
	市场运行形势（B2）	4	粮食亩均现金收益增速（C4）	5	正向
		5	粮食市场价格波动风险均值（C5）	5	负向
		6	粮食作物保险深度（C6）	5	正向

（续）

一级指标	二级指标	三级指标		权重（%）	作用方向
粮食产业安全（Y）	科技支撑能力（B3）	7	粮食单产增速（C7）	7.5	正向
		8	粮食品种审定通过数量增速（C8）	5	正向
		9	粮食耕种收综合机械化率（C9）	5	正向
		10	粮食全要素生产率（C10）	5	正向
	资源环境条件（B4）	11	粮食播种面积增长率（C11）	7.5	正向
		12	粮食单位产量二氧化碳排放量（C12）	5	负向
		13	粮食因灾损失面积（C13）	5	负向
	购买力水平（B5）	14	居民人均可支配收入（C14）	5	正向

（一）粮食基础保障水平指标

粮食自给率（C1）是指粮食总产量（D1）与消费量（D2）的比值。计算公式为[①]：

$$C1 = \frac{D1}{D2} \times 100\%$$

粮食人均占有量（C2）是指当年粮食总产量（D1）与年末总人口数（D3）的比值，单位为千克/人。计算公式为[②]：

$$C2 = \frac{D1}{D3}$$

粮食库存消费比（C3）是指当年年末库存量与当年消费量的比值，其中当年年末库存量由年初粮食库存量（D4）、粮食总产量（D1）、粮食进出口净额（D5）加总减当年粮食消费量（D2）得来。计算公式为[③]：

$$C3 = \frac{D1 + D4 + D5 - D2}{D2} \times 100\%$$

（二）粮食市场运行形势指标

粮食亩均现金收益增速（C4）是衡量种粮农户收益的指标，增速越快表明收益越高，则农户种粮积极性越高，具体是指本年度粮食亩均现金收益（D6$_i$）与上一年度粮食亩均现金收益（D6$_{i-1}$）差值与上一年度粮食亩均现金收益的比值。计算

---

①③　资料来源：根据《中国农村统计年鉴 2022》、国家统计局官网和经济合作与发展组织（OECD）官网数据测算。

②　资料来源：根据国家统计局官网数据测算。

公式为[1]：

$$C4 = \frac{D6_i - D6_{i-1}}{D6_{i-1}} \times 100\%$$

粮食市场价格波动风险均值（C5）是指用数据拟合的粮食价格波动率为 x_i 的概率 p_i 与粮食价格波动率 x_i 的期望值。计算公式为[2]：

$$C5 = \sum_{i=1}^{n} p_i x_i$$
$$p_i = cf(x_i)$$

式中，p_i 是指粮食价格波动率为 x_i 的概率。$f(x)$ 是用数据拟合粮食价格波动率的概率分布得到的概率分布函数。c 为区间长度，是指将 $f(x)$ 的定义域分割成足够多的 n 个小区间 $\left(x_i - \frac{c}{2}, x_i + \frac{c}{2}\right)$，取每个区间的中点 x_i 作为这一区间粮食价格波动率的值，由于区间划分足够多，区间长度很小，$f(x_i)$ 作为小区间内概率密度大小时产生的误差可以忽略。

粮食作物保险深度（C6）是指每亩（1 亩约为 667 米^2）粮食保险费（D7）与每亩粮食产值（D8）的比值。计算公式为[3]：

$$C5 = \frac{D7}{D8} \times 100\%$$

（三）粮食科技支撑能力指标

粮食单产增速（C7）是指本年度粮食单产（$D9_i$）与上一年度粮食单产（$D9_{i-1}$）差值与上一年度粮食单产的比值。计算公式为[4]：

$$C6 = \frac{D9_i - D9_{i-1}}{D9_{i-1}} \times 100\%$$

粮食品种审定通过数量增速（C8）是指本年度作物品种审定通过数量（$D10_i$）与上一年度作物品种审定通过数量（$D10_{i-1}$）差值与上一年度作物品种审定通过数量的比值。计算公式为[5]：

---

[1] 根据《全国农产品成本收益资料汇编》（2011—2022 年）数据测算，2022 年粮食亩均现金收益增速数据是运用指数平滑法的预估数据。

[2] 资料来源：根据《中国农村统计年鉴 2022》《中国农产品价格调查年鉴》和国家统计局官网数据测算。其中，粮食价格根据稻谷、小麦、玉米、大豆等农产品集贸市场价格（按国家标准的"中级品"价格）以及产量占比加权综合计算得出。稻谷价格是根据籼稻价格和粳稻价格平均计算得出。

[3] 资料来源：根据《全国农产品成本收益资料汇编》（2011—2022 年）数据测算。2022 年粮食作物保险深度数据是运用指数平滑法的预估数据。

[4] 资料来源：根据《中国农村统计年鉴 2022》和国家统计局官网数据测算。

[5] 资料来源：根据中国种业大数据平台测算。

$$C7 = \frac{D10_i - D10_{i-1}}{D10_{i-1}} \times 100\%$$

粮食耕种收综合机械化率（$C9$）是指粮食机耕、机种、机收的综合水平[①]。

粮食全要素生产率（$C10$）是指粮食产业在某一年度内产出与土地、劳动力、资本等要素投入成本的比值，利用 DEA–Malmqiust–hs 模型进行测量。某省份 i 粮食在 t 时期相对于 s 时期（$s=2011$）的 TFP 测量公式[②]：

$$TFP_{is,it} = \frac{TFP_{it}}{TFP_{is}} = \frac{Q_{it} / X_{it}}{Q_{is} / X_{is}} = \frac{Q_{is,it}}{X_{is,it}}$$

式中，Q_{it} 代表某省份 i 粮食在 t 时期的产出，Q_{is} 代表某省份 i 粮食在 s 时期的产出。X_{it} 代表某省份 i 粮食在 t 时期的投入，X_{is} 代表某省份 i 粮食在 s 时期的投入。$Q_{is,it} = Q_{it} / Q_{is}$ 代表产出量指数，$X_{is,it} = X_{it} / X_{is}$ 代表投入量指数。

$D_O(\cdot)$ 和 $D_I(\cdot)$ 分别代表 Shepard 产出距离函数及投入距离函数（产出距离函数表示产出向量能够向生产前沿面的扩张程度，投入距离函数表示投入向量能够向生产前沿面缩减的程度）。则 Malmquist–hs 指数法计算 TFP 指数的公式可以表示为：

$$C10 = TFP_{is,it} = \frac{D_O(x_{is}, q_{it}, s)}{D_O(x_{is}, q_{is}, s)} \frac{D_I(x_{is}, q_{is}, s)}{D_I(x_{it}, q_{is}, s)}$$

（四）粮食资源环境条件指标

粮食播种面积增长率（$C11$）是指本年度粮食播种面积（$D11_i$）与上一年度粮食播种面积（$D11_{i-1}$）差值与上一年度粮食播种面积的比值。计算公式为[③]：

$$C10 = \frac{D11_i - D11_{i-1}}{D11_{i-1}} \times 100\%$$

粮食单位产量二氧化碳排放量（$C12$）是指生产每吨粮食排放的二氧化碳当量（包括 CO_2、N_2O、CH_4 三种温室气体），单位是千克/吨。本指标基于生命周期评价法（LCA）的粮食生产碳足迹核算模型，计算包括农田上游投入品（化肥、农药、农膜、种子等）的生产加工环节、农田种植环节（耕作、播种、收获、灌溉等）的二氧化碳当量排放量。计算公式为[④]：

[①]　资料来源：根据农业农村部农业机械化管理司相关数据测算，2022 年粮食耕种收综合机械化率数据是预估数据。

[②]　资料来源：根据《全国农产品成本收益资料汇编》（2011—2022 年）测算。2022 年粮食全要素生产率数据是运用指数平滑法的预估数据。

[③]　资料来源：根据国家统计局官网数据测算。

[④]　资料来源：根据《全国农产品成本收益资料汇编》（2011—2022 年）、《中国物价年鉴》（2012—2013 年）、《中国价格统计年鉴》（2014—2021 年）、《中国农村统计年鉴》（2011—2022 年）测算。2022 年二氧化碳排放量数据是运用 ARIMA 模型的预估数据。

$$C11 = CHG_{CO_2} + CHG_{N_2O} + CHG_{CH_4}$$

$$CHG_{CO_2} = \sum_i (AD_i \times EF_i)$$

$$CHG_{N_2O} = (E_{N_2O直接} + E_{N_2O沉降} + E_{N_2O淋溶}) \times 265$$

$$CHG_{CH_4} = CH_{4稻田} \times 28$$

其中，CHG_{CO_2} 是生产 1 吨粮食农田上游投入和种植环节二氧化碳总排放量，单位是千克二氧化碳当量，i 是各项农业投入或种植环节排放源种类，AD_i 是第 i 种投入或排放源的活动水平数据，EF_i 是第 i 种投入的排放因子。

CHG_{N_2O} 是生产 1 吨粮食由于氮肥施用造成的 N_2O 总排放量，单位是千克二氧化碳当量，其中 $E_{N_2O直接}$ 是农田 N_2O 直接排放量，$E_{N_2O沉降}$ 是氮挥发后沉降 N_2O 间接排放量，$E_{N_2O淋溶}$ 是氮淋溶径流 N_2O 直接排放量，265 是 N_2O 的 100 年全球增温潜势（IPCC，2014）。

CHG_{CH_4} 是生产 1 吨稻谷稻田甲烷总排放量，单位是千克二氧化碳当量，其中 $CH_{4稻田}$ 是稻田 CH_4 的排放量，28 是 CH_4 的 100 年全球增温潜势（IPCC，2014）。

粮食因灾损失面积（C13）是指粮食因灾害造成减产损失的面积。本报告中农作物受灾面积折算损失系数为 0.2，农作物成灾面积折算损失系数为 0.55，农作物绝收面积折算损失系数为 0.9。计算公式为[①]：

$$C12 = 0.2(di - in) + 0.55(in - de) + 0.9de$$

式中，di 是指作物受灾面积，in 是指作物成灾面积，de 是指作物绝收面积。

（五）粮食购买力水平指标

居民人均可支配收入（C14）是居民消费开支的重要决定性因素，用来衡量居民生活水平的变化情况，单位是元[②]。

二、粮食安全评估理论模型

（一）评估模型

首先对粮食、稻谷、小麦、玉米、大豆的 14 个三级指标原始值分别进行指标的无量纲归一化处理。其中正向指标采用取对数方法进行无量纲归一化处理，负向指标采用极值法进行无量纲归一化处理。无量纲化是为了消除多指标综合评价中，计量单

位上的差异和指标数值的数量级、相对数的形式差别，解决指标可综合性问题。指标权重由粮食安全领域专家主观赋权法确定。

产业安全指数（Y_i）的计算：

$$Y_i = \sum_{i=1}^{5} W_l C_l$$

式中，W_l 为权重，$l=1$，2，3，$\cdots$，14；C_l 为三级指标；$i=1$，2，3，4，5，分别代表粮食、稻谷、小麦、玉米、大豆。

二级指标 B_i^k 的计算：

当 $k=1$ 时，$B_i^1 = \sum_{l=1}^{3} \beta_l C_l$，其中 $\beta_1 = \dfrac{1}{2}$，$\beta_2 = \dfrac{1}{4}$，$\beta_3 = \dfrac{1}{4}$

当 $k=2$ 时，$B_i^2 = \sum_{l=4}^{5} \beta_l C_l$，其中 $\beta_4 = \beta_5 = \beta_6 = \dfrac{1}{3}$

当 $k=3$ 时，$B_i^3 = \sum_{l=7}^{10} \beta_l C_l$，其中 $\beta_7 = \dfrac{1}{3}$，$\beta_8 = \beta_9 = \beta_{10} = \dfrac{2}{9}$

当 $k=4$ 时，$B_i^4 = \sum_{l=11}^{13} \beta_l C_l$，其中 $\beta_{11} = \dfrac{3}{7}$，$\beta_{12} = \beta_{13} = \dfrac{2}{7}$

当 $k=5$ 时，$B_i^5 = \sum_{l=14}^{14} \beta_l C_l$，其中 $\beta_{14} = 1$

式中，β_l 为权重；C_l 为三级指标；$i=1$，2，3，4，5，分别代表粮食、稻谷、小麦、玉米、大豆；B_i^1、B_i^2、B_i^3、B_i^4、B_i^5 分别代表各品种的基础保障水平指数、市场运行形势指数、科技支撑能力指数、资源环境条件指数、购买力水平指数。

（二）指数区间定义

产业安全指数（Y_i）是对我国粮食产业安全状况判断的指标，用于综合衡量我国粮食产业安全状况。基础保障水平指数（B_i^1）是用来衡量我国粮食供给"够不够"的指标，由粮食自给率、粮食人均占有量、粮食库存消费比构成。市场运行形势指数（B_i^2）是用来衡量我国粮食市场运行"稳不稳"的指标，由粮食亩均现金收益增速、粮食市场价格波动风险均值、粮食作物保险深度构成。科技支撑能力指数（B_i^3）是用来衡量科技创新支撑我国粮食安全"能力大小"的指数，由粮食单产增速、粮食品种审定通过数量增速、粮食耕种收综合机械化率、粮食全要素生产率构成。资源环境条件指数（B_i^4）是用来衡量我国资源环境"能否承载"粮食安全的指标，由粮食播种面积增长率、粮食单位产量二氧化碳排放量、粮食因灾损失面积构成。购买力水平指数（B_i^5）是用来衡量城乡居民"能否买得起"的指标，由居民人均可支配收入构成。

以上指数越高表示安全程度越高。指数值为 80～90 判定为基本安全区间，在此区间内表示产业状况基本安全，高于 90 视为安全，低于 80 则为不安全（附表 1-2）。

附表 1-2　指数安全区间定义

指数	安全区间	基本安全区间	不安全区间
产业安全指数	大于 90	80～90	小于 80
基础保障水平指数	大于 90	80～90	小于 80
市场运行形势指数	大于 90	80～90	小于 80
科技支撑能力指数	大于 90	80～90	小于 80
资源环境条件指数	大于 90	80～90	小于 80
购买力水平指数	大于 90	80～90	小于 80

（三）指数预测方法

假设 2023 年粮食产业安全各指数围绕上一年指数值上下波动，则 2023 年指数值可以分解为上一年指数值和波动值两部分，具体模型如下：

$$B_{i2023} = B_{i2022} + \varepsilon_{it}$$

式中，B_{i2023} 为 2023 年指数预测值，B_{i2022} 为 2022 年指数值，ε_{it} 为波动值，同时满足 $E(B_i, \varepsilon_{it}) = 0$，$\forall s < t$，$E(\varepsilon_{it}) = 0$，$Var(\varepsilon_{it}) = \sigma^2$，$E(\varepsilon_{it}, \varepsilon_{is}) = 0$，$s \neq t$ 的假设条件。

在本报告中通过蒙特卡罗仿真模拟技术来确定波动值 ε_{it}。首先，基于 2012—2022 年各指数的时间序列，根据 $V_i = (B_{it} - \overline{B}_{it}) / \overline{B}_{it}$ 构造出各指数波动率的时间序列，采用参数方法对该时间序列进行拟合，选择正态分布作为备择分布，通过拟合得出各指数波动率服从正态分布的均值与标准差，确定 V_i 函数；其次，根据 $B_{i2023} = B_{i2022}(1 + V_i)$，得出 2023 年指数在不同百分位情况下的预测值。

附录二 2012—2022 年我国主要粮食品种产业安全指数

附表 2-1 2012—2022 年我国粮食产业安全指数

年份	产业安全	基础保障水平	市场运行形势	科技支撑能力	资源环境条件	购买力水平
2012	89.85	95.35	90.96	86.78	82.55	86.30
2013	90.33	95.80	93.54	86.87	81.32	87.64
2014	91.57	96.69	92.79	87.81	82.09	89.09
2015	92.71	96.83	92.70	88.13	83.58	90.37
2016	92.41	96.33	93.57	87.87	82.94	91.59
2017	94.72	95.74	94.51	90.26	85.46	92.89
2018	94.56	94.88	95.17	90.06	85.49	94.14
2019	95.76	95.26	96.00	90.12	86.59	95.41
2020	93.65	94.62	87.76	90.37	86.78	96.11
2021	97.74	95.26	96.82	90.40	89.22	97.42
2022	96.41	95.10	91.58	89.79	89.55	98.15

附表 2-2 2012—2022 年我国稻谷产业安全指数

年份	产业安全	基础保障水平	市场运行形势	科技支撑能力	资源环境条件	购买力水平
2012	88.38	93.89	89.31	86.55	82.72	86.30
2013	89.19	94.05	94.05	87.01	80.98	87.64
2014	90.51	94.43	91.43	88.03	83.26	89.09
2015	91.38	94.69	91.14	87.84	84.51	90.37
2016	91.81	94.65	93.44	88.17	83.69	91.59
2017	93.66	95.16	91.87	89.84	85.94	92.89
2018	94.13	94.78	93.12	89.70	86.35	94.14
2019	95.06	94.56	94.38	89.97	87.21	95.41
2020	93.56	94.22	87.88	90.55	87.02	96.11
2021	95.93	94.42	92.65	90.06	89.20	97.42
2022	94.93	92.06	93.53	89.19	89.48	98.15

附表 2-3　2012—2022 年我国小麦产业安全指数

年份	产业安全	基础保障水平	市场运行形势	科技支撑能力	资源环境条件	购买力水平
2012	86.74	90.99	89.66	86.53	82.39	86.30
2013	87.07	90.63	91.32	87.85	81.11	87.64
2014	89,68	92.32	94.22	88.49	82.17	89.09
2015	92.14	95.14	93.41	88.15	84.22	90.37
2016	92.27	96.94	90.81	88.58	83.22	91.59
2017	94.71	97.53	93.20	88.26	86.02	92.89
2018	95.13	96.22	93.79	90.28	86.09	94.14
2019	96.38	98.23	95.51	88.57	86.44	95.41
2020	96.20	97.82	91.50	90.10	87.02	96.11
2021	98.78	97.77	94.27	91.90	89.22	97.42
2022	96.02	97.00	84.26	89.24	89.52	98.15

附表 2-4　2012—2022 年我国玉米产业安全指数

年份	产业安全	基础保障水平	市场运行形势	科技支撑能力	资源环境条件	购买力水平
2012	90.40	94.35	93.12	87.08	83.92	86.30
2013	90.45	95.64	93.19	86.66	82.41	87.64
2014	91.31	96.99	92.37	87.66	82.02	89.09
2015	90.54	96.55	85.40	88.47	83.32	90.37
2016	90.36	94.98	89.20	87.81	82.86	91.59
2017	94.44	93.62	96.98	90.99	85.75	92.89
2018	92.94	91.95	94.49	90.44	85.78	94.14
2019	94.01	91.78	95.99	90.23	87.06	95.41
2020	91.42	89.85	88.18	90.18	87.47	96.11
2021	95.40	91.81	95.59	90.01	89.45	97.42
2022	95.26	92.45	92.75	90.04	89.51	98.15

附表 2-5　2012—2022 年我国大豆产业安全指数

年份	产业安全	基础保障水平	市场运行形势	科技支撑能力	资源环境条件	购买力水平
2012	71.42	61.57	90.45	85.62	83.11	86.30
2013	72.28	60.69	93.82	86.48	82.87	87.64
2014	72.77	60.32	96.60	86.89	82.20	89.09
2015	72.16	57.14	93.72	87.60	84.70	90.37
2016	72.88	57.76	96.42	87.17	84.09	91.59
2017	75.50	56.47	99.00	90.59	86.46	92.89
2018	74.64	56.67	97.07	89.84	85.68	94.14
2019	76.96	58.79	97.25	90.48	87.08	95.41
2020	76.43	61.23	90.05	91.06	86.27	96.11
2021	76.95	57.59	93.92	91.18	88.80	97.42
2022	80.49	62.59	93.69	91.25	90.19	98.15

REFERENCES
参考文献

国家粮食和物资储备局，2020.《中国的粮食安全》白皮书重要文献汇编［M］. 北京：人民出版社.

联合国粮食及农业组织，国际农业发展基金，联合国儿童基金会，等，2021.2021 年世界粮食安全和营养状况［M］. 罗马：联合国粮食及农业组织.

农业农村部市场预警专家委员会，2023. 中国农业展望报告（2023—2032）［M］. 北京：中国农业科学技术出版社.

农业农村部种业管理司，全国农业技术推广服务中心，农业农村部科技发展中心，2022.2022 年中国农作物种业发展报告［M］. 北京：中国农业科学技术出版社.

徐磊，等，2019. 农产品市场风险评估和管理：理论与实践［M］. 北京：中国农业出版社.

中国农业科学院，2022. 中国农业产业发展报告 2022［M］. 北京：中国农业科学技术出版社.

中国农业科学院农业信息研究所，2022. 中国粮食安全评估报告（2022）［M］. 北京：科学技术文献出版社.

中国农业绿色发展研究会，中国农业科学农业资源与农业区划研究所，2023. 中国农业绿色发展报告（2022）［M］. 北京：中国农业出版社.

FAO，2003. Trade Reforms and Food Security［M］. Rome：FAO.

IPCC（Intergovernmental Panel on Climate Change），2014. Climate Change 2014：Mitigation of Climate Change［M］. Contribution of Working Group III to the Fifth Assessment Report of the Intergovernmental Panel on Climate Change. Cambridge，New York：Cambridge University Press［M］.

The Economist Intelligence Unit，2021. Global Food Security Index 2020［R］.

图书在版编目（CIP）数据

中国粮食安全评估报告 . 2023 / 中国农业科学院农业信息研究所著 . —北京：中国农业出版社，2023.11
ISBN 978-7-109-31461-0

Ⅰ . ①中⋯　Ⅱ . ①中⋯　Ⅲ . ①粮食安全—评估—研究报告—中国—2023　Ⅳ . ①F326.11

中国国家版本馆 CIP 数据核字（2023）第 216696 号

中国粮食安全评估报告 2023
ZHONGGUO LIANGSHI ANQUAN PINGGU BAOGAO 2023

中国农业出版社出版
地址：北京市朝阳区麦子店街 18 号楼
邮编：100125
责任编辑：赵　刚
版式设计：王　晨　责任校对：吴丽婷
印刷：北京通州皇家印刷厂
版次：2023 年 11 月第 1 版
印次：2023 年 11 月北京第 1 次印刷
发行：新华书店北京发行所
开本：889mm×1194mm　1/16
印张：5.5
字数：100 千字
定价：48.00 元